WESTEND

MAX KUGEL

Wie ich auszog, um mein Handwerk zu retten

WESTEND

Mehr über unsere Autoren und Bücher:
www.westendverlag.de

Die Deutsche Nationalbibliothek verzeichnet diese Publikation in
der Deutschen Nationalbibliografie; detaillierte bibliografische Daten
sind im Internet über http://dnb.d-nb.de abrufbar.

2. Auflage 2023
© Westend Verlag GmbH, Neu-Isenburg 2023
ISBN: 978-3-86489-396-4
Titelfoto: Konrad Rufus Müller
Fotos: Johannes Dreuw, Konrad Rufus Müller, Max Kugel
In Zusammenarbeit mit: Johannes Bröckers
Lektorat: Marvin Baudisch
Umschlaggestaltung: Buchgut, Berlin
Satz: Publikations Atelier, Weiterstadt
Druck und Bindung: Pustet, Regensburg
Printed in Germany

Inhalt

Freunde dich heute mit dem Max Kugel an,
dem du in fünf Jahren begegnen wirst 6

Wenn du den Teig nicht verstehst, verstehst
du dein Handwerk nicht 26

Meine Road to Bakery 50

Manchmal muss man aus dem Auto aussteigen,
wenn man weiß, es ist an der Zeit zu gehen 88

Wie gründet man eigentlich eine Bäckerei? 114

Ein Anfang und ein Ende 156

Die Zukunft des Bäckers liegt in seiner Vergangenheit 212

Danke 236

Freunde dich heute mit dem Max Kugel an, dem du in fünf Jahren begegnen wirst

Wenn du in eine Familie geboren wirst, die heute bereits in der vierten Generation im Bäckerhandwerk arbeitet, dann ist dein eigener Lebensweg wohl unweigerlich vorgeprägt. Bei mir jedenfalls war das so. Ich bin Max Kugel, und seit 2017 betreibe ich in Bonn meine eigene Bäckerei, in der ich zehn verschiedene Sorten Brot backe. Sonst nichts. Eine reine Brotbäckerei, das war damals hier in Deutschland noch eine ziemlich neue Idee, weshalb es, inklusive meines Vaters, in unserer Branche so einige gab, die mir gesagt haben: »Vergiss es, das ist unwirtschaftlich, das wird nicht funktionieren.« Und im Stillen werden sie wahrscheinlich gedacht haben: Spätestens in einem halben Jahr, wenn der erste Hype vorbei ist, wird der junge Kugel in seinem Laden die Lichter wieder ausmachen oder seine Produktpalette erweitern.

Fast sechs Jahre später brennen die Lichter noch immer, und die Skeptiker sind schon lange verstummt. Meine Idee einer reinen Brotbäckerei hat sich nämlich längst als ein nachhaltiges Konzept erwiesen, das sich auch wirtschaftlich rechnet. Heute kann ich sagen: Eine eigene Bäckerei zu gründen, das war die beste Entscheidung meines Lebens. Um diese Entscheidung geht es in diesem Buch, die Konsequenzen und Auswirkungen hatte, auf mich, auf meine Familie und auch auf meine Branche. Ich war 25, als ich begann, konkreter über meine eigene Bäckerei nachzudenken, und in diesem Alter träumt man groß. Ich wollte nicht weniger als zurück in die Zukunft. Zurück zu einer Handwerkstradition und zurück zu einem Produkt aus purer Natur, das durch die Hände des Bäckers zu einem Lebensmittel geformt wird, das diesen Namen auch wirklich verdient, weil es schmeckt und den Menschen guttut, die es essen. Und zukunftsgerichtet nach vorne, mit einem Konzept, das es mir ermöglicht, mein Handwerk zeitgemäß zu leben und weiterzuentwickeln. Es geht in diesem Buch also nicht zuletzt auch um ein Lebensmodell, um Freiheit und Selbstständigkeit, die größeren und kleineren Kämpfe, um die prägenden Begegnungen mit Menschen, die mir auf meinem Weg begegnet sind. Es geht um die Verlockungen des Geldes und die Probleme, die entstehen, wenn du keines hast, um Wachstum und um die Grenzen, die man nicht überschreiten sollte, wenn man sich selbst nicht verlieren will. Es geht um meine Leidenschaft für richtig gutes Brot.

Blättern wir in der Geschichte der Menschheit zurück, dann sehen wir, dass Brot eines unserer ältesten und ursprünglichsten Nahrungsmittel ist. Die Entwicklung der Menschheit ist ohne Brot nicht zu denken. Schon in der frühen Steinzeit, lange bevor die Menschen sesshaft wurden und damit begannen, Getreide auf ihren Äckern anzubauen, sammelten sie wild wachsendes Getreide. Irgendwann kamen sie auf die Idee, die Körner aufzubrechen, mit Wasser zu einem Brei zu vermischen und auf heißen Steinen ihre ersten Brotfladen zu backen, die sich als äußerst nahrhaft erwiesen und leicht zu transportieren waren. Brot begleitet die Menschen seit vielen tausend Jahren und wurde zu einem Symbol für Essen und für unser Überleben. Kein Wunder also, dass das Brot auch in viele sakrale und rituelle Handlungen Eingang gefunden hat. In unserer christlichen Kultur wird das Brot im Gottesdienst gesegnet, gebrochen und geteilt, und im Vaterunser beten und bitten die

Gläubigen: »Unser tägliches Brot gib uns heute.« Auch in unzähligen Sinnsprüchen und Volksweisheiten wird das Brot immer wieder thematisiert. Man »verdient sein Brot« oder auch nicht, wenn man eine »brotlose Kunst« betreibt.

Auf dem Weg vom Korn zu einem schmackhaften Brot sind alle wesentlichen Elemente unseres Lebens beteiligt: Erde, Wasser, Luft und Feuer. In der vom Regen gewässerten Erde keimt das Getreidekorn und wächst der Sonne entgegen zu Ähren heran. Werden die reifen Körner zu Mehl gemahlen und mit Wasser vermischt, setzen Bakterien und winzige Hefepilze aus der Luft den Gärprozess in Gang, der dem Teig sein Volumen verleiht, bevor er zu einem Brotlaib geformt und im heißen Ofen ausgebacken wird. An diesem Grundprinzip des Backens hat sich von den Anfängen der Menschheit bis heute im Prinzip nichts verändert. Auch heute ist das Brot ein wichtiges Grundnahrungsmittel, das uns mit vielen wertvollen Inhaltsstoffen wie Vitaminen, Mineralien und Ballaststoffen versorgt. Zählen wir Brot, Brötchen und alles Kleingebäck zusammen, dann liegt der durchschnittliche Pro-Kopf-Verbrauch der Bundesbürger aktuell bei über 81 Kilogramm pro Jahr oder fast 230 Gramm am Tag.[*] Mal zum Vergleich: Der Pro-Kopf-Verbrauch von Nudeln lag 2020 bei rund 9,5 Kilogramm.[**]

---

[*] GMF Vereinigung Getreide-, Markt- und Ernährungsforschung: https://www.gmf-info.de/press/aktuell/content.htm
[**] Siehe: https://de.statista.com/statistik/daten/studie/156453/umfrage/pro-kopf-verbrauch-von-nudeln-in-deutschland-seit-1996/ und https://www.deutsche-handwerks-zeitung.de/corona-verbrauch-von-nudeln-steigt-deutlich-180617/

Führt man sich diese lange Geschichte und die so wesentliche Bedeutung vor Augen, die das Brot für uns alle hat, dann muss es doch für jeden Bäcker eine Selbstverständlichkeit sein, diesem so elementaren Lebensmittel mit großer Wertschätzung zu begegnen. All das schwingt jedenfalls in mir mit, wenn wir in meiner Backstube daran arbeiten, ein handwerklich ehrliches Brot aus besten biologischen Rohstoffen zu backen. Ein Brot, ohne alle Zusatzstoffe bzw. Backmittel, die das fehlende Know-how des Bäckers kompensieren. Zum Verständnis: Handwerklich ehrliche Backwaren sind für mich Produkte, die nur mit Zutaten gebacken werden, die in ihrer natürlichen Form und Ursprünglichkeit nicht verändert sind. Backwaren, die nur mit dem erlernten Wissen des Bäckers und mit dem Geschick und der Raffinesse des Handwerks gebacken werden. Hier und nur in diesem Fall trifft für mich der Begriff »Handwerksbäcker« zu. Wenn meine Hände am Teig sind, dann bin ich ganz bei mir, involviert in diesen organischen wie kreativen Prozess, der mich mit Glück erfüllt, wenn es gelingt, und der mich in den sowieso oft viel zu kurzen Nächten wach liegen lässt, wenn ich mit dem Ergebnis nicht zufrieden bin und darüber nachdenke, wie wir es besser machen können.

Ich wünsche mir, dass auch die Leute, die bei mir arbeiten, diese besondere Verantwortung spüren und die Zufriedenheit erfahren, die aus unserer Arbeit entstehen kann. Ich bin niemand, der ständig sagt: immer mehr, immer schneller, immer größer. So funktioniert mein Laden und so funktioniert mein Leben nicht. Ich möchte meinen Leuten meine Philosophie von Handwerk vermitteln. Sie sollen sehen und erleben, was ich an jedem Tag mit allen Sinnen dafür tue, um ein gutes Brot zu backen. Ich möchte ihnen zeigen, was sie erreichen können, wenn sie den Beruf des Bäckers nicht nur als Job, sondern tatsächlich als Berufung verstehen und ihn genauso intensiv leben, wie ich das tue. Das sind die Dinge, die ich weitertragen kann, und das motiviert mich, morgens in aller Frühe aufzustehen.

Ich liebe meinen Beruf, weil er die Menschen ernährt, und ich möchte mit meiner Arbeit auch einen kleinen Beitrag dazu leisten, das Verständnis und den Blick auf unser tägliches Essen zu verändern. Denn so viel steht fest: Der Mensch ist, was er isst. Unsere tägliche Nahrung entscheidet maßgeblich über unser Wohlbefinden, über unsere Leistungsfähigkeit und unsere Gesundheit. Und hier stellt sich die entscheidende Frage: Wollen wir diese zentralen Aspekte unseres Lebens der Industrie überlassen, oder vertrauen wir bei unserer Ernährung auf das Handwerk und die Handarbeit? Das ist in meinen Augen die große Konfliktlinie, über die wir uns ernsthaft Gedanken machen müssen. In allen industrialisierten Prozessen wird »Zeit« heute als ein Gegner betrachtet, den es zu minimieren gilt, denn Zeit ist bekanntlich Geld. Das gilt auch für die Backindustrie, wo es darum geht, in immer kürzerer Zeit immer mehr zu produzieren. Und das hat Konsequenzen, die nicht nur den Backprozess beeinflussen, sondern schon die Produktion der dafür notwendigen Rohstoffe. In der konventionellen Landwirtschaft beispielsweise geht es heute um Massenproduktion und hohe Erträge zu möglichst günstigen Preisen. Ganz egal ob wir hier über Gemüse, Milch, Fleisch oder

Ich liebe meinen Beruf, weil er die Menschen ernährt, und ich
möchte mit meiner Arbeit auch einen kleinen Beitrag dazu leisten,
das Verständnis und den Blick auf unser tägliches Essen zu
verändern.

billiges Getreide reden. Dafür werden jede Menge synthetische Pestizide benötigt, ein giftiger Cocktail aus Chemikalien, die sich überall wiederfinden: in unserem Trinkwasser, im Gemüse, im Obst, in vielen Lebensmitteln, die daraus produziert werden, und damit in uns selbst: im Gewebe, im Urin, ja sogar in der Muttermilch.

Der globale Einsatz dieser Pestizide hat zu einem weltweiten Vernichtungsfeldzug geführt, der vielen Pflanzen und Tieren das Überleben unmöglich gemacht hat und auch auf unseren Organismus massive Auswirkungen hat, auf unseren Stoffwechsel, unseren Hormonhaushalt und unser Nervensystem. Im industrialisierten Backprozess werden dem Teig dann weitere Zusatzstoffe zugesetzt, die vom Marketing gerne als »Brotverbesserer« (sogenannte Clean-Label-Rohstoffe) bezeichnet werden, in Wahrheit aber nichts weiter sind als weitere chemische Hilfsmittel, die eine Qualität vorgaukeln, über die das Produkt längst nicht mehr verfügt. Die zugesetzten Backmittel ersetzen dann das oft fehlende Können des Bäckers, um Schwankungen im Rohstoff auszugleichen, damit die Produkte am Ende des Tages immer gleich aussehen, egal welche äußeren Einflüsse auf den Backprozess einwirken. Gerechtfertigt wird das mit dem kleinen Preis, den der Verbraucher für sein Brot im Supermarkt bezahlt, der aber, wenn man genau hinschaut, im Verhältnis zu einem ehrlich gebackenem Brot gar nicht mehr so klein ist. Diese Rechnung geht außerdem schon lange nicht mehr auf. Falsche Ernährung ist heute ein wesentlicher Grund für die epidemische Zunahme von ernährungsbedingten Krankheiten wie Adipositas und Typ-2-Diabetes, von der im wachsenden Maß schon Kinder und Jugendliche betroffen sind. Allein das kostet unser Gesundheitssystem pro Jahr rund 17 Milliarden Euro. Hinzu kommen die Umweltschäden, die von der industrialisierten Landwirtschaft verursacht werden, wie überdüngte Böden, nitratbelastetes Grundwasser oder das große Insektensterben. Mit einem Kilo Biobrot aus meiner Bäckerei sorge ich dafür, dass auf rund zwei Quadratmetern Ackerfläche Getreide ohne den Einsatz von Pestiziden angebaut wird und Böden wie Biodiversität geschützt werden.

Ich mache mir tatsächlich Sorgen um unser Bäckerhandwerk, und das hat nicht nur mit den steigenden Energie- und Rohstoffpreisen zu tun, die in meinen Augen nur eine viel tiefere Struktur- und Qualitätskrise der Bäckereien sichtbar werden ließ, die sich schon lange vorher abgezeichnet hat. Ganz hart gesprochen würde ich sagen, dass alle Bäcker, die jetzt jammern und sich wegen der explodierenden Kosten in ihrer Existenz bedroht fühlen, schon vorher nicht gut aufgestellt waren. Wir Bäcker konnten zum Beispiel während der Corona-Lockdowns ständig weiter einen Teil unseres Umsatz generieren, weil wir systemrelevant für die Grundversorgung waren und unsere Läden offenhalten durften. Da wäre ich jetzt, im Vergleich zu anderen Branchen, etwas vorsichtiger mit allzu lautem Klagen, weil der komplette Stillstand viele andere hart getroffen hat, die gar keinen Umsatz mehr einfahren konnten. Ich weiß, dass ich mir mit solchen Statements in meiner Branche keine Freunde mache. Aber mir geht es schon lange nicht mehr um unsere Branche, sondern vielmehr um die Tradition meines Handwerks, die ich retten und bewahren will. Die Bäckerbranche hat sich in den letzten Jahrzehnten stark verändert, und mehr noch als die steigenden Energie- und Rohstoffpreise, macht mir die Entwicklung der Bäckereien große Sorgen. Ein paar Zahlen können vielleicht verdeutlichen, was ich meine: Vor 60 Jahren gab es im Gebiet der alten Bundesrepublik noch rund 55 000 Betriebe im Bäckerhandwerk. Heute sind es in ganz Deutschland nur noch 9 607 Betriebe. Analog dazu hat sich auch die Zahl der Auszubildenden stark reduziert und ist alleine zwischen 2014 und 2021 von 20 540 auf 12 242 Azubis zurückgegangen. Eine Zahl ist dagegen interessanterweise im gleichen Zeitraum mit rund 45 000 relativ konstant geblieben: die Anzahl der Verkaufsstellen. Was im Umkehrschluss bedeutet, dass die Zahl der Filialen pro Betrieb weiter zunimmt und damit auch die durchschnittliche Betriebsgröße.[*]

Die Industrialisierung hält auch bei vielen Bäckern Einzug, die sich vielleicht selbst noch als »Handwerksbäcker« bezeichnen, aber dennoch mit Backmitteleinsatz arbeiten, weil sie diesen Expansionsweg eingeschlagen haben, zu dem sie keine Alternative sehen. Wir hören ja immer wieder von vielen Seiten und schlauen Wirtschaftsexperten, dass Stillstand Rückschritt ist und Wachstum der einzige Weg, der zum Erfolg führt. Kurzfristig mag diese Rechnung sogar aufgehen: mehr Filialen, mehr Umsatz, mehr Gewinn. Das hat in den letzten Jahrzehnten ja auch ganz gut geklappt. Doch kommt dann eine Krise,

---

[*] Zentralverband Deutsches Bäckerhandwerk: https://www.baeckerhandwerk.de/baeckerhandwerk/zahlen-fakten/

wie beispielsweise Corona, die teuren Energie- und Rohstoffpreise oder die allgemeine Wirtschaftslage und Inflation im Land, dann bricht die schöne und lukrative Wachstumswelt ganz schnell wie ein Kartenhaus in sich zusammen. Jede junge Bäckerin und jeder junge Bäcker, die vielleicht gerade darüber nachdenken, eine Bäckerei zu eröffnen, müssen sich eine Sache ganz klar machen: Die handwerkliche Qualität verschwindet, wenn das Unternehmen größer wird. Man kann einfach keine drei, fünf oder noch mehr Filialen mit einem Vollsortiment oder auch nur mit Brot bespielen, ohne Kompromisse in der Backstube einzugehen und mehr Maschinen, mehr Backhilfsmittel und immer mehr Convenience- oder Tiefkühlprodukte einzusetzen. In Sachen Qualität kann das alles auf Dauer einfach nicht gut gehen.

Nach den Magiern sind wir Bäcker wahrscheinlich die größten Zauberer, denn wenn der Kunde das fertige Produkt betrachtet, weiß er nicht wirklich, was da alles in den Backwaren drin steckt, die so fein und lecker aussehen. Warum? Weil sich die Deklarationen von Zusatzstoffen heute ganz einfach verschleiern lassen. Bei Lebensmittelzusatzstoffen handelt es sich definitionsgemäß um Substanzen, die einem Lebensmittel zugesetzt werden, um damit bestimmte Funktionen zu bezwecken, die in der Regel technologischer Natur sind, wie die Verbesserung der Konsistenz, der Sensorik oder die Verlängerung der Haltbarkeit. Beim Mehl wird beispielsweise oft zusätzliches Gluten zugefügt, um eine bessere Wasseraufnahme und ein besseres Gebäckvolumen des Teigs zu erreichen, wenn das Getreide selbst nur geringe Kleberwerte aufweist. Da aber das

Klebereiweiß Gluten auch ein natürlicher Bestandteil im Weizen ist, wird das dem Mehl in konzentrierter Form zugesetzte, reine Gluten in der Deklaration einfach beim Weizenmehl mit draufgepackt. So kann der Kunde beim Endprodukt das zusätzliche Gluten nicht mehr nachvollziehen und wundert sich vielleicht, warum er eventuell Probleme mit der Verdauung bekommt. Weizen in seiner natürlichen Form ist nämlich nichts Schlimmes. Er muss nur ohne Zusätze richtig verarbeitet und fermentiert werden, damit die Stärke im Vorfeld abgebaut und das Produkt verträglich wird.

Doch der schöne äußere Schein kann die fehlende Substanz nicht ersetzen. Und hier beißt sich die Katze in den Schwanz. Wenn nun im Zeichen der Energiekrise beklagt wird, dass die Kunden nicht mehr bereit sind, die höheren Preise für Brötchen und Croissants zu zahlen, dann kann das eben auch daran liegen, dass der Kunde den Qualitätsunterschied zwischen Backwaren vom Bäcker und vom Discounter gar nicht mehr schmeckt. Denn wenn der Bäcker die gleichen Backmischungen benutzt wie die Backindustrie, verliert sein Produkt an Qualität und Identität. Ist der Kunde also nicht mehr bereit, einen höheren Preis zu zahlen als im Supermarkt um die Ecke, ist das Produkt diesen Preis womöglich einfach nicht wert. Das klingt hart, aber so ist das mit den Betrieben, die immer weiter wachsen und wachsen oder meinen, sich das Leben leicht zu machen, indem sie solche Produkte verbacken. Und irgendwann sprichst du mehr mit deinem Bank- und Steuerberater, weil deine Qualität und somit auch deine Umsätze zurückgehen, als mit einem wachen Kopf und beiden Händen in der

Backstube deinem eigentlichen Handwerk nachzugehen. Allerdings ist auch ein kleiner Betrieb nicht automatisch die Garantie für ein handwerklich gut gemachtes Produkt. Hier ist der Industrie- und Convenience-Scheiß genauso zu Hause. Und auch ein reines Sauerteigbrot ist noch kein Freifahrtschein für eine Top-Qualität, denn es muss trotzdem handwerklich gut gemacht sein. Für den Laien ist es einfach so verdammt schwer, herauszufinden, ob ein Produkt ehrlich gebacken wurde oder nicht, und das heißt: ohne Hilfsmittel. Die Bäcker können ja diese Zusatzstoffe und Backmittel verarbeiten, wenn sie meinen, nur auf diesem Wege ein verkaufbares Produkt in den Laden bringen zu können. Es gibt ja tatsächlich viele Gründe dafür, warum welcher Bäcker was auch immer verarbeitet. Fehlende Fachkräfte, fehlendes Wissen, Zeitersparnis oder Bequemlichkeit. Auch bin ich mir durchaus bewusst, dass ab einer gewissen Betriebsgröße für viele kein Weg daran vorbeiführt, auf diese Hilfsmittel zurückzugreifen. Denn die zu produzierenden Mengen sind einfach zu groß, und die Bäcker brauchen ihre Verarbeitungssicherheit. Auch wenn ich in meiner Backstube darauf verzichte, können es die anderen durchaus machen, wie sie wollen. Aber wenn sie diese Zusatzmittel dann nicht offen kommunizieren oder sogar leugnen und den unwissenden Kunden diese Produkte kaufen lassen, ist das in meinen Augen schlicht und einfach eine Täuschung und damit kriminell. Hier müsste sich der Zentralverband des deutschen Bäckerhandwerks viel stärker für eine genauere Deklarierung starkmachen und den Bäcker stärker in die Pflicht nehmen, wirklich alles aufführen zu müssen, was seine Backwaren enthalten. Leider würde man dann aber schnell einen Punkt erreichen, wo man merkt, dass der produzierende Bäcker selbst nicht weiß, was alles in seinen technischen Zusatzstoffen und Backmitteln drin ist. Und wenn wir uns an dieser Stelle noch einmal das Thema Unverträglichkeiten vor Augen führen, dann sind es aus meiner Sicht genau die oben genannten Stoffe und Mittel, die der Auslöser dafür sein können. Ich jedenfalls habe viele meiner Kundinnen und Kunden wieder zum Brot essen gebracht, weil es einfach wieder gut bekömmlich ist.

In früheren Zeiten hat man im Rheinland übrigens jene Bäcker, die einen Kunden betrogen haben, angeblich in einem Käfig in den Rhein heruntergelassen. Sie sollten sich, so erzählt es die Legende, im kalten Wasser mal gründlich Gedanken über ihr Handeln machen. Wäre das heute noch so, bräuchten wir definitiv mehr Brücken, und einer Menge Bäcker stünde das Wasser beim Nachdenken über einen verantwortungsbewussten Umgang mit ihren Kunden bis zum Hals. Die Frage lautet also nicht, ob die Großen oder ob die Kleinen »die Bösen« sind, sondern: Wird das Produkt ehrlich gebacken oder nicht? Und wenn es ehrlich gebacken ist, dann sollte es, bis auf die Tage, die mal nicht so optimal verlaufen, auch handwerklich perfekt gemacht sein. Ich kenne einige selbstständige Bäckerinnen oder Bäcker, die mit ihren Bäckereien etwas Tolles auf die Beine gestellt haben. Mit nicht wenigen von ihnen pflege ich Freundschaften und einen schönen Austausch. Aber auch hier habe ich irgendwann angefangen, zwischen den echt netten Menschen auf der einen Seite und ihrer Arbeitsweise auf der anderen, zu unterscheiden. Denn Betriebe, die wie ich auf wirklich alle Hilfsmittel verzichten, gibt es in Deutschland immer noch sehr wenige.

Backen ist ein komplexes Handwerk, und in meiner Backstube ist die Zeit kein Feind, sondern ein Freund und Verbündeter. Teig ist ein lebendiges, sehr sensibles, ja zerbrechliches Wesen, das man in allen Phasen beobachten und respektvoll behandeln muss. Der Teig braucht Zeit und Ruhe zur Fermentation, die eine Art der Vorverdauung ist, was das Brot bekömmlich macht und sich beispielsweise auch positiv auf den Blutzuckerspiegel auswirkt. Meine Backstube liegt auch nicht in einem fernen Industriegebiet, sondern im Herzen der Stadt, weshalb ich weder lange Transportwege noch irgendwelche Konservierungsstoffe benötige, um mein Brot frisch aus dem Ofen zum Verbraucher zu bringen. Auch das schont und schützt die Umwelt.

Ich setze mich für mein Handwerk ein, denn nicht nur in meiner Backstube komme ich häufig ins Gespräch mit jungen Menschen, die gerade in der Ausbildung sind, die mit dem Gedanken spielen, das Bäckerhandwerk zu erlernen, oder vielleicht vor der wichtigen Frage stehen, ob sie den elterlichen Betrieb übernehmen oder sich selbstständig machen wollen. Und dann spüre ich eine Verpflichtung diesen Leuten und meinem Handwerk gegenüber, meine Haltung und mein Verständnis vom Backen zu vermitteln, in der Hoffnung, ein Umdenken bewirken zu können.

Auf einer großen Bäckermesse sprach mich zum Beispiel einmal eine junge Frau an, die gerade frisch ihre Ausbildung beendet hatte. Sie erzählte mir, dass ihr Vater früh verstorben sei und ihre Mutter nun die Familienbäckerei mit zehn Läden am Laufen halte. Sie wollte gerne mal zu mir in die Backstube kommen, sagte aber gleich, »ich habe nicht viel Zeit, ich muss bald nach Hause, um meiner Mutter zu helfen, unsere Bäckerei zu führen«. Ich habe ihr dann erklärt, dass das so nicht funktioniert bei mir. Um nur für ein paar Wochen reinzuschnuppern, ist das Thema Brot einfach viel zu komplex. Für mich dachte ich, es wäre eigentlich meine Aufgabe, dieser Frau zu sagen: Du kommst jetzt ein Jahr zu mir, und ich versuche dir, ganz unabhängig von der Situation deiner Familie, ein paar handwerkliche Grundlagen zu vermitteln. Mit Anfang 20, so war es jedenfalls bei mir, hast du in vielen Bereichen einfach noch keine Ahnung vom Leben, und logischerweise orientierst du dich, zumindest wenn du in einem Familienbetrieb groß wirst, auch beim Thema Berufsausübung an den Wünschen und der Erwartungshaltung deiner Eltern. Ich versuche in solchen Gesprächen aber auch ganz bewusst, eine andere Position zu vertreten: »Frag dich mal, was du dir selbst für dein eigenes Leben wünschst. Das ist ganz wichtig, gerade wenn dein Weg schon angelegt und vorgegeben scheint.« Ich weiß genau, wie schwer das ist, aber man muss für sein eigenes Leben auch einen eigenen Weg finden, und das heißt, manchmal auch dafür zu kämpfen und sich gegen familiäre Widerstände durchzusetzen. Die junge Bäckergesellin war bestimmt enttäuscht von mir, aber ich kann in meiner Backstube tatsächlich nicht jeden Wunsch nach einem Kurzzeitpraktikum erfüllen. Ich will und muss hier an jedem neuen Tag meinem Anspruch auf Qualität gerecht werden, und deshalb müssen die jungen

Leute, die zu mir kommen, wirklich genügend Zeit mitbringen, um das Große und Ganze zu verstehen. Ich suche mir diejenigen aus, bei denen ich das Potenzial erkenne und das Gefühl habe, dass bei ihnen das fruchtet, was ich ihnen vermitteln und weitergeben kann.

Ich habe mich einmal mit einer Gründerin eines Start-Ups von Limonaden zu einem kleinen Gedankenaustausch getroffen. Irgendwann in unserem Gespräch fragte sie mich dann auch: »Warum expandierst du eigentlich nicht, das läuft doch alles super bei dir?« Ich habe in unserem Gespräch gemerkt, dass sie in einer völlig anderen Welt unterwegs ist. Bei ihr geht es darum, die Rezepte für ihre Limonade zu standardisieren. Die Limos werden dann von Maschinen produziert, und der Mensch spielt für die Entstehung dieses Produkts keine große Rolle mehr. Wenn die Zusammensetzung einmal stimmt, kannst du die Limonaden exakt und kontinuierlich reproduzieren. Ich habe ihr dann erklärt, dass meine Backstube ganz anders funktioniert und wir uns die Qualität unseres Produkts jeden Tag neu erarbeiten müssen. Am Ende unseres Gesprächs meinte sie: »Vielleicht bist du aber auch schon viel weiter als ich, weil du einfach zufrieden bist mit dem, was du tust und wie du es tust.« Das ist ein wichtiger Punkt, auch und gerade für junge Menschen, die entscheiden müssen, was sie aus ihrem Leben machen wollen.

Es gibt diese Menschen, die nie genug haben, obwohl sie eigentlich schon sehr viel besitzen. Sie können nicht anders, weil sie in diesem System oder Hamsterrad stecken, die sie zwingen, immer noch mehr zu wollen oder zu müssen. Ich dagegen sage: Ich will nicht expandieren und immer weiter wachsen, sondern am liebsten noch kleiner werden, weil ich wahrscheinlich noch viel zufriedener wäre, wenn wir vielleicht nur zu zweit in der Backstube stehen würden und ich mich noch fokussierter auf meine Brote einlassen könnte. Gerade für Handwerker – und davon bin ich fest überzeugt – wird es unabdingbar sein, dass die Betriebe wieder viel kleiner werden, und wir wieder verstärkt das Modell der Familienbetriebe etablieren müssen. Ich merke doch schon bei meinem kleinen Laden mit 13 Mitarbeitern, wie schwierig es ist, ein so sensibles Produkt wie unser Brot tagtäglich auf die Reihe zu kriegen. Jeder Einzelne von uns, egal ob es eine studentische Aushilfe im Verkauf ist, die Jungs und Mädels in meiner Backstube oder John, der unsere Bäckerei putzt, trägt ja dazu bei, unser Unternehmen und unsere Brote so hochwertig zu produzieren, wie ich mir das vorstelle und wie es unsere Kunden erwarten. Deshalb muss ich jeden neuen Mitarbeiter, den ich dazuhole, auch dazu bringen, dass er meine Idee von Handwerk genauso lebt und verkörpert wie ich. Mit diesem Ansatz kannst du nicht unbegrenzt wachsen, wenn du qualitativ ganz oben mitspielen willst. So viele Menschen, die genauso dafür brennen wie du selbst, findest du auch gar nicht. Gerade im handwerklichen Bereich ist maximale Qualität im Großen einfach nicht möglich, weil die Kompetenz, die dafür nötig ist, mit 30 Mitarbeitern viel schwerer organisierbar ist als etwa mit acht Leuten. Wenn du als Handwerker in Zukunft erfolgreich sein willst, musst du meiner Meinung nach klein bleiben.

Ein Freund hat mir, kurz bevor ich meinen Laden eröffnet habe, noch einen Rat mit auf den Weg gegeben: »Freunde dich heute mit dem Max Kugel an, dem du in fünf Jahren begegnen wirst. Und je früher du damit anfängst, desto schneller akzeptierst du ihn.« Er wollte mich damit wohl davor warnen, den Mund nicht zu voll zunehmen und mit mir und anderen nicht zu hart ins Gericht zu gehen, weil Backen ohne Kompromisse einfach nicht möglich sei. Womöglich würde mich das Leben eines Tages dazu zwingen, von Prinzipien abzuweichen, die ich heute für meine Arbeit für unumstößlich erkläre. Wenn ich also heute sage, ich backe nur Brot und ich werde nie einen zweiten Laden aufmachen, dann könnte es ja in fünf Jahren sein, dass ich aus irgendeinem Grund gezwungen werde, zu handeln und etwas zu verändern. Und dann, so meinte er, wäre es sicher gut, wenn ich mich oder andere nicht vorschnell dafür verurteile. Da mag er recht haben, und sein Rat ist noch ein Grund mehr für mich, mal ein paar Dinge schwarz auf weiß festzuhalten, damit der Max Kugel in fünf Jahren genau nachlesen kann, was sein altes Ego damals alles so rausgehauen hat. Ich kann zwar auch nicht in die Zukunft schauen und weiß, dass Leben immer auch Entwicklung und Veränderung bedeutet. Die ersten fünf Jahre habe ich jetzt hinter mir und kann mir im Spiegel noch immer ohne schlechtes Gewissen in die Augen schauen. Und ich habe auch keine Angst vor dem Max Kugel, dem ich in ein paar Jahren über den Weg laufen werde. Ich habe meine Bäckerei ja nicht eröffnet, um irgendetwas anderes zu machen als genau das, was ich mir vorstelle und für richtig halte.

Es gibt immer noch viele Leute, die nicht verstehen, wenn ich sage, ich möchte einfach so lange wie möglich in meiner Bäckerei einen guten Job machen, das denkbar beste Brot backen und dabei mich und mein Unternehmen nachhaltig entwickeln. Zufriedenheit definiert sich für mich nicht über Betriebsgröße und finanziellen Reichtum. Ich bin glücklich, wenn ich in meiner Backstube arbeiten und so mein Leben bestreiten kann. Und ja, ich lebe meinen Traum, aber ich stehe genau deshalb auch sehr realistisch mit beiden Beinen auf dem Boden dieser Backstube. In meiner Bäckerei treffe ich immer wieder auf junge, engagierte Menschen, die oft eine gute Basis mitbringen. Wenn ich bei denen die richtigen Grundwerte und ein tieferes Wissen platzieren kann, leiste ich einen kleinen Beitrag, um das Wesen und den Wert unseres Handwerks zu bewahren und am Leben zu halten. Und vielleicht ist es ja deshalb ganz gut, dazu von einem Typen wie mir, der schon so einiges in dieser Branche erlebt und mitgemacht hat, mal ein paar Zeilen zu lesen. Es würde mich jedenfalls freuen, wenn ich ein paar dieser jungen Bäckerinnen und Bäcker davor bewahren könnte, blind in die Expansionsfalle zu laufen, nur weil ihnen in den letzten Jahrzehnten niemand erzählt und vorgelebt hat, dass es auch anders geht, und sie daran zu erinnern, was Handwerk bedeutet, zumindest für mich. Und das trifft nicht nur auf die Menschen aus dem Bäckerhandwerk zu, sondern lässt sich im Prinzip auf fast alle Berufe übertragen. Denn Handwerk ist der Ursprung von allem, und unsere Hände sind das älteste Werkzeug, das wir benutzen, seit es uns Menschen gibt.

Wenn du den Teig nicht verstehst, verstehst du dein Handwerk nicht

Es gibt wohl keine Frage, die mir häufiger gestellt wird, als diese: »Was macht ein gutes Brot aus?« oder »Was ist das Besondere an deinem Brot?«. Ich mag die Frage eigentlich nicht besonders, denn es ist nicht ganz einfach, echte Grundsätze dafür zu definieren, was ein gutes Brot ausmacht. Da wird dir jeder Bäcker zunächst mal sagen: »Ein gutes Brot erkennt man an der ordentlich knackigen Kruste und einer weichen und saftigen Krume.« Oder sie erzählen von der langen Fermentationszeit und dem guten Geschmack. Ich könnte auf diese Frage auch antworten: »Das Besondere an unserem Brot ist, dass wir etwas ganz Einfaches zu etwas besonders Gutem machen.« Aber das erzählt dir heute auch fast jeder. Ich könnte es aber auch so formulieren: »Wir entwickeln ein Produkt mit hoher Komplexität auf einem traditionellen Fundament.« Selbst wenn ich hier jetzt sämtliche Rezepte meiner Brote veröffentlichen würde und man sie mit den gleichen Rohstoffen nachbacken würde, wäre es trotzdem ein völlig anderes Brot. Das ist bei uns Bäckern ganz ähnlich wie bei Köchen. Gib zehn Köchen die exakt gleichen Zutaten, und lass sie loslegen. Den Unterschied wird immer der Koch ausmachen, der daraus ein besonderes Gericht zaubert. Und wenn ich mal alle denkbaren Argumente und Antworten zur Seite lege, dann ist es tatsächlich so: Das Besondere an meinem Brot bin ich. Und all die Menschen, die mit mir gemeinsam an diesem Brot arbeiten. Denn ich bin der Meinung, Brot soll komplex sein, es soll in Erinnerung bleiben, mit der Summe all der Kleinigkeiten, die es zu einem Genuss machen, an den man immer wieder gerne denkt. Das ist für mich ein gutes Brot. Und stellt man mir die Frage, wie ich in den nächsten Jahren qualitativ immer ganz oben mitspielen kann, ist das für mich ein entscheidender Faktor.

Mal als kleines Beispiel: An irgendeinem Tag war ich nicht hundertprozentig zufrieden mit einer Charge, die da aus dem Ofen kam. Einer meiner Bäcker sah meinen kritischen Blick und sagte, »Ach, mach dir keinen Kopf, das verkaufen wir doch sowieso.« Das sind Momente, in denen ich ganz klar Position beziehe. Also habe ich ihm erklärt: »Lass dir eines gesagt sein: Verliere niemals den Respekt gegenüber dem Brot.« Diese Ehrfurcht vor dem eigenen Produkt zu haben und vor dem, was uns das Brot ermöglicht, ist mir extrem wichtig. Für andere wäre es vielleicht nur eine Kleinigkeit, und sie hätten diese Brote, ohne groß nachzudenken, in den Verkauf gebracht. Für mich aber sind genau diese Kleinigkeiten der wesentliche Grund, warum ich sage, ich kann meine Bäckerei nicht größer machen, ohne den Blick auf jedes Detail zu verlieren. Das muss nicht jeder meiner Mitarbeiter sofort verstehen, ich aber muss es verstehen und meine Ansprüche dem Team auch vermitteln. Deshalb nutze ich solche Momente gerne, um auch bei meinen Leuten in der Backstube einen Lernprozess in Gang zu setzen, damit sie meine Vorgaben nachvollziehen und sich Schritt für Schritt an diese Qualitätsansprüche anpassen können. Sie müssen verinnerlichen, dass man als guter Bäcker wissen muss, was ein Teig braucht, um ein gutes Brot zu werden. Denn wenn du den Teig nicht verstehst, verstehst du dein Handwerk nicht. Der Teig hat seine Sprache und gibt mir, wenn ich ihn beobachte, ein Feedback zu seiner Konsistenz und dem

Aroma, auch das Brot spricht zu mir, wenn es knisternd aus dem Ofen kommt und langsam auskühlt.

Ich stehe immer wieder staunend in meinem Laden und denke: Wahnsinn, es ist einfach krass, dass sich die Leute jeden Tag aufs Neue auf den Weg zu uns machen und sich in die Schlange stellen, um unser Brot zu kaufen. Und während viele Bäcker mit Umsatzeinbußen und der krisenhaften Situation zu kämpfen haben, sind wir oft ein bis zwei Stunden vor Ladenschluss schon ausverkauft. Ich kann das manchmal selbst nicht richtig fassen, aber tatsächlich ist es so – der Bäcker macht den Unterschied, und in meinem Fall stecken in dem Max Kugel, der ich heute bin, sehr viele prägende Erfahrungen und viele arbeitsreiche Jahre.

Ich bin ja schon im Mehlstaub groß geworden. Und wenn du als jüngstes von vier Kindern in eine Bäckerfamilie geboren wirst, dann ist nicht nur dein Lebensweg vorgezeichnet. Du nimmst von Anfang an den Rhythmus auf, der das Familienleben bestimmt: den Taktschlag des Backens. Für unsere Familie hieß das: Sieben Tage die Woche und 18 Stunden am Tag war unsere Bäckerei das Uhrwerk, das unseren Tagesablauf bestimmt hat. Für meinen Papa begann der Tag um ein Uhr in der Nacht, und auch meine Mutter, die den Verkauf organisierte, war sehr früh auf den Beinen. Oft sogar noch früher als früh. Mama war immer zur Stelle, wenn mein Vater sie brauchte. Zum Beispiel wenn sich wieder mal ein Bäcker in der Nacht kurzfristig krank gemeldet hatte oder einfach nicht erschienen ist, hat Papa sie gerufen, zum Glasieren der Teilchen,

1992

Ich bin im Mehlstaub groß geworden. Hier mit meinem Opa (rechts) und meinem Bruder Klaus (links) in unserer Backstube in Lahnstein.

zum Kuchenschneiden, um die Lieferungen zu richten und zu prüfen oder wo auch immer es gerade gebrannt hat. Meine Mama war und ist bis heute seine Lebensversicherung. Als wir noch klein waren, weckte uns Mama morgens noch, doch wir wurden sehr schnell zur Selbstständigkeit erzogen, um alleine aufzustehen. Dann schlurften wir für ein lautes »Hallo« und »Guten Morgen« erst mal in die Backstube. Ich schnappte mir meine Tasse, zog sie einmal durch die Schublade mit den Haferflocken, kippte mir einen Schluck Milch und etwas Zucker darüber – das war mein Frühstück.

Auch wenn du als kleiner Kerl noch gar nicht genau verstehst, was da um dich herum eigentlich passiert, spürst du doch schon den Puls, der die Dynamik in der Backstube bestimmt. Die Energie der Bewegung, wenn die Backstube auf Hochtouren läuft, die routinierten Abläufe, die Hektik, die Wärme des Ofens, der betörende Duft von frischem Brot, das Gelache oder auch Geschreie und die hohe Konzentration, mit der hier alle bei der Arbeit sind. Und wie das in einem klassischen Familienunternehmen so üblich ist, werden auch die Kinder sehr früh in diese Arbeitsabläufe integriert. Mit sieben Jahren habe ich meine erste Spülmaschine eingeräumt, und von da an klingelte dann jeden Samstag, oben in unserer Wohnung, morgens gegen sieben oder halb acht kurz das Telefon. Dann wusste ich, jetzt wartet bis halb zwölf die Spülmaschine auf mich. Man fängt eben erst mal mit ganz einfachen Aufgaben an. Als ich dann zwölf war, musste ich samstags schon um fünf Uhr aufstehen, um am Ofen zu helfen und später die Backstube mit den anderen zu putzen. Unter der Woche war in der Backstube so bis gegen Mittag Hochbetrieb, dann waren die Bäcker mit ihrem Backprogramm soweit durch, und es wurde ruhiger. Um 12.30 Uhr traf sich die Familie zum gemeinsamen Mittagessen, und danach hatte mein Vater erst einmal Pause. Er las noch etwas in der Zeitung, und wenn er nicht noch Termine hatte, ging er zwischen 14 und 17 Uhr schlafen. Danach wartete das Büro, wo er den Papierkram und die Bestellungen zu erledigen hatte.

Wir Kinder mussten täglich um 17.30 Uhr zum Abendbrot wieder zu Hause sein. Papa hatte dann schon den Backzettel geschrieben und darauf alles notiert, was am nächsten Tag gebacken werden musste. Entsprechend wurden dann die Aufgaben verteilt, die wir zur Vorbereitung für den kommenden Tag noch in der Backstube zu erledigen hatten. Ich habe dann zum Beispiel die Brötchen, die am Abend übrig waren, aufgesetzt und zum Trocknen in den Ofen geschoben. Meine jüngere Schwester Andrea hat die Kuchenformen für die Käsekuchen eingefettet, und meine ältere Schwester Marion durfte schon die Käsekuchenmasse abwiegen, damit der Quark am nächsten Morgen auf Raumtemperatur vorgewärmt und perfekt weiterverarbeitet werden konnte. Mein älterer Bruder Klaus und mein Papa haben in der Zwischenzeit die Menge an Brötchen und Croissants kontrolliert, die für den nächsten Tag schon vorbereitet im Kühlhaus lagen. So hatte jeder seine Arbeit zu erledigen, und mit jedem Jahr bist du mit deinen Aufgaben immer eine Stufe höher gerückt. Schritt für Schritt lernst du so alle Arbeitsschritte kennen und immer ein Stück mehr Verantwortung zu übernehmen. Unsere Abendschicht war in der Regel nach einer Stunde erledigt, und gegen 20 Uhr neigte sich so ein Backtag seinem Ende zu. Wir gingen dann nach oben, meine Eltern schauten vielleicht noch etwas Fernsehen und gingen dann zu Bett, um noch ein paar Stunden zu schlafen, bevor der ganze Wahnsinn von Neuem losging.

Hat uns das als Kinder Spaß gemacht, so früh und regelmäßig zur Arbeit herangezogen zu werden? Gewiss nicht, wenn deine Freunde noch länger draußen bleiben durften als du oder am Samstag einen freien Tag genießen konnten. Aber in so einer Handwerksfamilie groß zu werden, ist eben etwas völlig anderes als in einer »normalen« Familie. Für Normalität und Kindsein-Können hat in meinem Leben eine ganz besondere Person gesorgt: meine Inge. Inge wurde schon von meinem Großeltern als Haushaltshilfe in die Familie geholt. Weil Zeit für die Familie aber damals schon genauso wenig zu Verfügung stand wie bei meinen Eltern, übernahm Inge einen Großteil der Erziehung meiner Tante und meines Vaters und später in unserer Kindheit die Betreuung von meinen Geschwistern und mir. Und weil ich der Jüngste war, hatte ich ihre Aufmerksamkeit und Zeit am längsten. Bei Inge war ich mittags nach dem Kindergarten, mit ihr bin ich einkaufen gegangen oder manchmal auch heimlich nach Koblenz zum Restaurant mit dem goldenen M gefahren. Bei ihr war alles möglich, was zu Hause undenkbar war. Zum Glück! Inge war viel mehr als eine Oma für mich, sie hat mich Kind sein lassen und mir wichtige Dinge und viel Liebe mitgegeben. Ohne sie wäre ich heute sicher ein anderer Mensch. Deshalb war und wird sie immer meine Inge bleiben. Die Beste!

Zurück zu unserem durchgetakteten Familienleben. Die gemeinsamen Arbeiten am Abend waren in unserer Welt quasi unumstößliche Naturgesetze, die auch nicht hinterfragt wurden. Es gehörte ganz einfach zu unserem Familienleben. Einfach einmal eine Stunde später kommen oder einen Arbeitseinsatz schwänzen, das wäre nicht drin gewesen, da gab es keinen Diskussionsspielraum. Außerdem haben wir für unsere Arbeit auch immer einen »Lohn« erhalten. Für meinen Einsatz an der Spülmaschine habe ich beispielsweise jeden Samstag zehn Mark verdient, was für einen kleinen Jungen ja schon viel Geld war. Allerdings wurde uns dieses Geld nicht einfach ausbezahlt. Mein Vater verwahrte unsere Löhne in einem Briefkuvert in seinem Büro, und wenn wir etwas davon haben wollten, dann mussten wir zu ihm gehen und ihm sagen, wofür wir unser Geld ausgeben wollten.

In meiner Kindheit war ich deshalb im Vergleich mit meinen Freunden kohlemäßig immer ganz gut aufgestellt, und als ich mir mit 15 für 1 000 Euro meinen ersten Roller kaufen konnte, fühlte ich mich wie ein König. Ehrlich gesagt, war mein Vater von der Idee damals nicht gerade begeistert, und ganz streng genommen, hatte er es mir eigentlich auch verboten. Ich aber wollte mich davon nicht ausbremsen lassen und kaufte, wie sich schnell herausstellte, einen Haufen Schrott, der nach einer Woche kaputt ging. Ich musste erst einmal eine ordentliche Gardinenpredigt über mich ergehen lassen, aber danach half mir Papa, das Teil den Jungs zurückzubringen, von denen ich den Roller über Ebay gekauft hatte. Die sträubten sich anfangs, den defekten Roller wieder anzunehmen, doch Papa machte vor Ort kurzen Prozess. Er erläuterte den Jungs und deren Eltern ganz diplomatisch die rechtlichen Konsequenzen, woraufhin sie ihre anfänglichen Widerstände auf- und mir mein Geld zurückgaben. Wenn es drauf ankam, war Papa immer für uns da. Wir haben danach einen neuen Roller beim Händler gekauft. Für die Preisdifferenz musste ich natürlich Brötchenfahrten übernehmen – hart aber fair. Ich habe in dieser Zeit auch gelernt, dass dir im Leben nichts geschenkt wird und dass du dir das Geld, über das du für deine Wünsche verfügen willst, erarbeiten musst. Taschengeld ohne Gegenleistung haben wir jedenfalls nie bekommen, und im Rückblick würde ich sagen, dass ich auf diese Weise schon sehr früh den Gegenwert von Geld verstanden und meinen Blick für die Realität entwickelt habe.

Unsere Bäckerei wurde 1933 von meinem Urgroßvater Hubert Krott gegründet. Mein Opa Heinz Kugel heiratete dessen Tochter Maria und übernahm mit ihr am 1. Januar 1956 die *Bäckerei an der Lahnbrücke*. Mein Vater, auch Bäcker- und Konditormeister, übernahm dann mit meiner Mutter, die eine Ausbildung zur Verkaufsleiterin im Bäcker- und Konditorhandwerk absolviert hatte, am 1. Januar 1989 ganz offiziell das Ruder. Mein Vater war es dann, der den Namen Kugel in der Branche und über Lahnstein hinaus bekannt gemacht hat. Er war nicht nur ein guter Bäcker, sondern engagierte sich auch sehr für unser Handwerk. Er war Obermeister in der Bäckerinnung sowie im Aufsichtsrat der Volksbank und der Bäckerversicherung. Schritt für Schritt entwickelte er unsere *Bäckerei an der Lahnbrücke* zur *Bäckerei Kugel* und zu einem

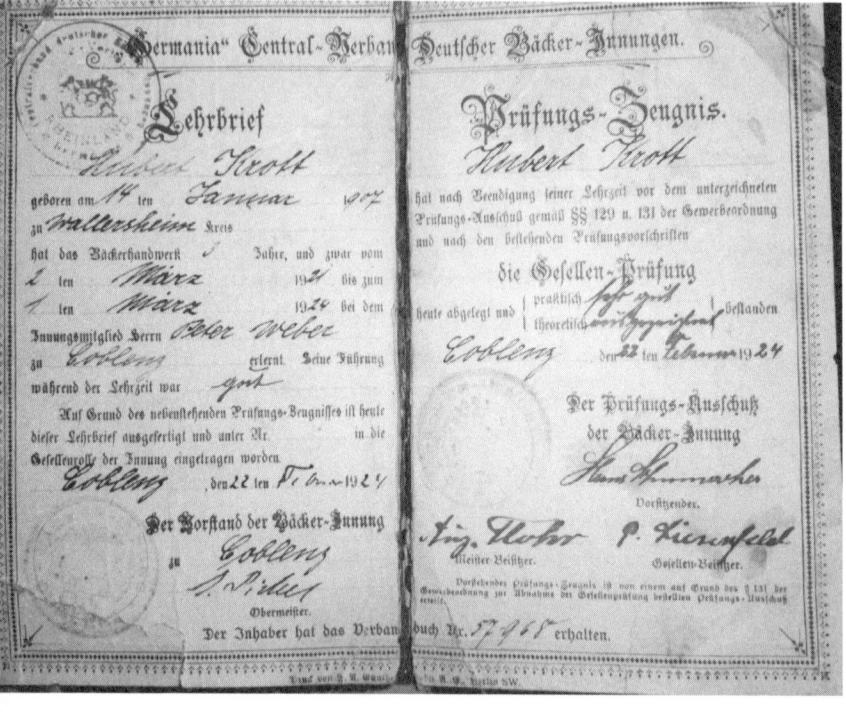

Der Lehrbrief meines Urgroßvaters Hubert Krott, der unsere Familienbäckerei1933 gegründet hat.

mittelständischen Betrieb, mit drei Läden, einem kleinen Liefergeschäft und an die 60 Angestellten.

Es gibt bestimmt so einige Leute, die mich für einen Besessenen halten, weil ich so viel Kraft und Konzentration in meine Idee von Handwerk und in den Qualitätsanspruch meiner Bäckerei investiere. Diese Leidenschaft für das, was ich tue und wie ich es tue, habe ich ganz sicher von meinem Vater. Wenn in der Backstube etwas nicht nach seinen Wünschen lief, konnte er schon sehr klare Ansagen machen. Mittwochs gab es bei uns zum Beispiel immer Laugenbrezel, aber diese Brezel durften nur zwei Leute schlingen, also in ihre Brezelform bringen, und bevor einer hässliche Brezeln schlang, weil er es einfach nicht draufhatte, hat es mein Papa lieber selbst gemacht. Er konnte solche Fehler oder Nachlässigkeiten einfach nicht mit ansehen und hatte wenig Geduld.

Mein Vater hat zu seiner Zeit ganz viele kluge und auch innovative Entscheidungen getroffen. Ich weiß noch, als er unsere erste Filiale auf der grünen Wiese im Gewerbegebiet geplant hat, die ja in dieser Zeit in allen größeren und auch kleineren Städten entstanden. Mein Opa war damals gegen die Idee, eine Filiale am Stadtrand zu eröffnen, denn er war der Ansicht, dass eine Bäckerei in die Innenstadt gehört. Papa aber hat gesagt: »Wir müssen Bäckerei neu denken.« Und das tat er auch. Jeder Laden sollte eine ganz eigene Kugel Backwelt verkörpern, und für unsere erste Filiale ließ er sich dafür von Jule Vernes Roman *In 80 Tagen um die Welt* inspirieren. Das war in der Bäckerbranche ein noch nie dagewesenes Konzept, und das Ergebnis war sensationell: Im Eingangsbereich betraten die Kunden den Laden wie durch den Korb eines Fesselballons mit echten Seilen dran, und von außen betrachtet, sah es aus, als würde tatsächlich ein großer Heißluftballon geradewegs durchs Dach der Bäckerei in den Himmel starten. Für unseren Laden, aber auch für den Ladenbauer, der so etwas zuvor auch noch nie gemacht hatte, war das der Durchbruch. Damals hatte mein Vater die Zeichen der Zeit richtig erkannt. Heute würde ich sagen, die Bäcker sollten lieber in die Qualität ihrer Produkte investieren, als viel zu viel Geld für Ladenbau und Shop-Konzepte auszugeben, die bei den meisten wie ein genormter Einheitslook rüberkommen und oft keinen individuellen Wiedererkennungswert haben. Nicht die Ladeneinrichtung, sondern die Qualität lässt die Kunden langfristig immer wiederkommen. Allen, die gerade über ihre Bäckereigründung nachdenken, möchte ich ans Herz legen, sich bei der Ladengestaltung nicht an den üblichen Standards unserer Branche zu orientieren. Hebt euch mit einer guten Idee von der Norm ab – und dafür braucht es nicht zwingend viel Geld.

In so einem Familienbetrieb ist die Arbeit viel mehr als nur das halbe Leben, weshalb sich Leben und Arbeit auch nicht wirklich trennen lassen. Vor allem wenn man über eine Arbeitsmoral und ein Berufsethos wie mein Vater verfügt. Er war Bäcker mit Leib und Seele, und einer seiner Standardsätze fasst seine Einstellung ganz gut zusammen: »Wer viel arbeitet, hat wenig Zeit, sein Geld für unnütze Dinge auszugeben.« Das klingt jetzt sicher nicht nach großer Empathiefähigkeit, allerdings hatte er die auch nicht in der Backstube. Hier war er eher sachlich und unemotional unterwegs, außer gegenüber unseren Backwaren, denen er seine ganze Aufmerksamkeit widmete.

Ich erinnere mich noch, wie wir nachts einmal in unsere Umkleide gekommen sind. Da hatte sich eine junge Katze beim Versuch, in unsere Backstube zu klettern, in einem gekippten Fenster verklemmt. Ich weiß nicht, wie lange sie versucht hatte, sich aus dieser misslichen Lage zu befreien, aber wenn so eine Katze stecken bleibt, kann sie sich schwere innere Verletzungen zuziehen. Sie rührte sich kaum noch, und ich habe sie behutsam aus dem Fenster befreit. Ich hatte ein Kissen aus dem Personalraum geholt und etwas Milch und Schinken aus dem Kühlschrank und fragte meinen Vater: »Was sollen wir denn jetzt machen, die Katze bewegt sich nicht mehr.« Und er antwortete nur: »Gib ihr den Rest. Dreh ihr den Hals rum und schmeiß sie in den Biomüll.« Diese Antwort fand ich krass, aber das war typisch mein Vater, der nachts in der Backstube einfach keine Zeit und keine Gefühle für ein kleines Kätzchen verschwenden konnte, das kurz darauf auch tot war, ohne dass ich ihr den brutalen Rest geben musste, was ich im Übrigen nie übers Herz gebracht hätte.

Von heute aus betrachtet, würde ich sagen, Papa war ein Familienpatriarch der alten Schule. Sein Wort war das Gesetz, und er traf die wichtigen Entscheidungen ohne große Diskussion mit uns als Familie, wobei ich nicht genau einschätzen kann, was er mit meiner Mutter besprochen hat. Die beiden waren und sind bis heute ein starkes Team. Als Kinder hatten wir jedenfalls keine Chance, sie gegeneinander auszuspielen. Bei Mama nachzufragen, um beispielsweise einen freien Samstag auszuhandeln, wenn Papa das sowieso nicht genehmigt hätte, war aussichtslos. Da hatten sie im Umgang mit uns Kindern eine klare Linie.

Als ich mit 15 meinen Schulabschluss in der Tasche hatte, stand die Frage im Raum, welchen Beruf ich erlernen möchte. Das lag ja eigentlich auf der Hand, aber ich wollte kein Bäcker, sondern Koch werden. Womöglich lag es daran, dass sich meine drei älteren Geschwister bei ihrer Ausbildung alle für die Bäckerbranche entschieden hatten. Vielleicht aber war dieser Wunsch auch der Tatsache geschuldet, dass wir eher immer mussten als durften, also keine Wahl gehabt hatten. Außerdem wusste ich von zu Hause, was es bedeutet, im Bäckerhandwerk zu arbeiten. Und das war kein Zuckerschlecken. Die Sommerferien verbrachten wir immer bei den Eltern meiner Mutter im Schwarzwald. Hier führte ihr Bruder in Zavelstein ein Hotel, in dem wir auch immer wieder zu Besuch waren und mir der Duft der Küche um die Nase wehte. Als Koch in der Gastronomie, im Genusshandwerk mit frischen Lebensmitteln zu arbeiten, erschien mir eine sehr reizvolle Alternative zum Beruf des Bäckers zu sein, weshalb ich auch schon mein Schulpraktikum in der Küche verbracht hatte, um in diese Welt einzutauchen. Mein Vater hatte es uns außerdem immer freigestellt, welchen Berufsweg wir einschlagen wollten, und unterstützte die Idee. Ich wollte aber nicht irgendwo und in irgendeinem x-beliebigen Restaurant meine Lehre beginnen, sondern wusste schon damals, wenn ich ein guter Koch werden will, dann muss ich bei den Besten lernen. Das Problem war allerdings, dass ich noch lange nicht volljährig war, weshalb es aus Gründen des Jugendschutzgesetzes und den üblichen Arbeitszeiten in einer Restaurantküche schwer geworden wäre, bei einem richtig guten Koch unterzukommen.

Mein Vater schlug mir deshalb vor, doch zunächst eine Ausbildung als Bäcker bei ihm zu machen, dann könne er für mich eine auf zwei Jahre verkürzte Lehrzeit organisieren. Danach wäre ich ja volljährig und könnte dann immer noch die Ausbildung als Koch dranhängen. Ein cooler Deal, wobei ich mir eigentlich hätte denken können, was da auf mich zukommen sollte. Eine verkürzte Lehrzeit bedeutete für mich zwei Berufsschultage in der Woche, mindestens Zehn-Stunden-Tage in der Backstube und keinen einzigen freien Tag. Das hätte man wohl als das Kleingedruckte verstehen können, das man bei Verträgen oft übersieht und über das man sich später wundert. In meinem Fall wurden mir diese nicht ganz unwichtigen Details schlicht nicht mitgeteilt, bevor ich »Ja« gesagt habe. Ich wurde natürlich auch härter rangenommen als alle anderen, und wenn es eng wurde, musste ich zur Not auch noch vor der Berufsschule eine Schicht in der Backstube einlegen. Das war für mich anfangs eine krasse Umstellung und führte mich in manchen Momenten an den Rand der Verzweiflung. Meine Lehrjahre zu Hause waren von der physischen Belastung her vor allem anfangs eine harte Zeit. Der Übergang vom Spülmaschineneinräumer und Aushilfsbäcker am Samstag zum vollwertigen Mitglied unseres Teams in der Backstube fühlte sich an wie ein Sprung von der Kreisklasse im Fußball direkt in die Bundesliga. Und als Sohn des Chefs hatte ich nicht nur keinerlei Privilegien, sondern musste noch eine, eher zwei Schippen drauflegen. Aber irgendwann nimmst du den neuen Rhythmus auf, und weil ich bei allem, was zu tun war, langsam besser und sicherer wurde, habe ich allmählich auch den Spaß am Backen entdeckt.

Mein Vater war ja, wie schon gesagt, kein großer Erzähler und Erklärer, weshalb ich mich in allen Theoriefragen eher an unseren Backstubenleiter Thomas Wolf wandte. Handwerklich aber war Papa extrem gut. Seine Akribie im Umgang mit dem Teig, sein nie nachlassender Wille zur Perfektion, seine Kompromisslosigkeit, das Feingefühl seiner flinken Hände – all das habe ich mir im wahrsten Sinne bei ihm abgeschaut. Mit den Augen zu lernen, dieser Fähigkeit war ich mir vorher gar nicht bewusst, und ich bin meinem Vater sehr dankbar für diese wertvolle Erfahrung, ohne die ich sicher nicht der Bäcker geworden wäre, der ich heute bin. In dieser Verbindung aus Wissen, Erfahrung und Intuition fand ich für mich einen zentralen Schlüssel zu einem tieferen Verständnis des Backens. Das hat mir die Augen geöffnet für den Freiraum, den mir dieser Beruf bietet, und für die Lust, diesen Freiraum bis heute immer weiter auszuloten.

Trotz dieser guten Erfahrungen, hatte ich, als sich meine Bäckerlehre ihrem Ende näherte, meinen Wunsch, Koch zu werden, noch nicht aufgegeben. Deshalb rief ich meinen Onkel Rolf Berlin an, der besagte Bruder mit dem Hotel, und fragte ihn, ob er mich bei der Suche nach einem Ausbildungsplatz unterstützen könne. Meine einzige Priorität sei, dass ich in einer richtig guten Küche lernen wolle. Onkel Rolf ließ seine Kontakte spielen und besorgte mir tatsächlich ein Vorstellungsgespräch in Brenners Park-Hotel in Baden-Baden. Viel höher kann man wohl nicht greifen, und nach einer kleinen Führung durch das traditionsreiche Grandhotel, die mich schon schwer beeindruckt hatte, nahm ich im wirklich winzigen Büro des Küchenchefs Platz. An den Wänden hingen rings herum die Auszeichnungen zum »Ausbilder des Jahres«. Als der Küchenchef eintrat, war ich schon leicht eingeschüchtert und ziemlich nervös. Ich überreichte ihm meine Bewerbungsunterlagen, die er ein paar Minuten schweigend durchblätterte. Ehrlicherweise muss ich zugeben, dass ich weder in der Haupt- noch in der Berufsschule zu den fleißigsten Schülern gezählt habe, weshalb meine Noten bestenfalls guter Durchschnitt waren. Und im Grunde war die Sache schon gelaufen, als der Küchenchef meine Mappe zuklappte und mir mit strengem Blick eröffnete, dass er nur Lehrlinge ausbilden würde, die einen Einser- oder Zweierschnitt vorweisen könnten. Alles klar, dachte ich, wo geht's hier raus? Auch meine kleine Hoffnung, auf die Frage, was ich am liebsten koche, mit meinen handgeschabten Spätzle vom Brett vielleicht noch punkten und das Ruder herumreißen zu können, zerbröselte zu Staub, als er mir von einem anderem Bewerber berichtete, dessen Spaghetti-Rezept mit Tomatensoße doch deutlich innovativer gewesen sei. Spätestens jetzt war meine Motivation komplett auf dem Nullpunkt angekommen. Der Küchenchef hatte vielleicht meinem Onkel einen Gefallen tun wollen und mich zum Gespräch eingeladen, aber er hatte sicher keine Sekunde die Absicht gehabt, mich als Lehrling einzustellen. Noch im Auto auf der Heimfahrt sagte ich meinem Vater, der mich nach Baden-Baden begleitet hatte: »Okay Papa, das ist nicht mehr der Beruf, der es für mich einmal war. Ich werde kein Koch.« Vielleicht habe ich meine Entscheidung damals zu schnell getroffen, und mein Onkel hätte mir sicher noch andere Optionen eröffnen können, wenn wir noch einmal in Ruhe gesprochen hätten. Auf der anderen Seite hatte ich ja bereits einen tollen Beruf in der Tasche, den ich schon wirklich gut beherrschte, und das war ein verdammt schönes Gefühl.

Da nun klar war, dass meine Sterneküchenträume geplatzt waren, war der nächste logische Schritt, noch eine Lehre als Konditor anzuschließen, um meine Fähigkeiten breiter auszubauen. Aber diese sollte ich nicht auch noch zu Hause absolvieren. Mein Vater meinte zu mir: »Jetzt musst du mal raus hier, um eigene Erfahrungen zu sammeln.« Dass ich nun erst mal rausmusste, das war auch mir klar, aber ich war bisher noch nie von zu Hause weg gewesen, und die Vorstellung, Lahnstein, meine Freunde und vor allem meine Jugendliebe Norina zurückzulassen, ließen mich nicht gerade in Jubelschreie ausbrechen. Aber was sollte ich anderes machen? Also heuerte ich 2008 als Konditorlehrling im Café Schubert an, der damals mit Abstand besten Konditorei in Saarbrücken. Zum ersten Mal in einer eigenen Bude und in einer fremden Stadt.

Ich habe mich in den ersten Wochen richtig schwergetan. Auch das stark einsetzende Heimweh hat mir die Arbeit dort nicht leichter gemacht, zumal mir das Betriebsklima nicht sonderlich gefiel. Der Umgang, der zwischen den einzelnen Posten und Kollegen herrschte, war nicht wirklich berauschend. Außerdem sprach uns Herr Demmer, unser Abteilungsleiter in der Pralinenabteilung, immer sehr herabwürdigend mit »Na, ihr Tulpen« an und behandelte uns auch sonst ziemlich von oben herab. Herr Demmer war, ganz ähnlich wie mein Vater, ein echter Qualitätsfanatiker. Er hat mich einmal 300 ausgestochene Marzipanblätter neu ausstechen lassen, weil er mit meiner Arbeit nicht zufrieden war. Demmer war wirklich ein krasser Typ, den ich auf der einen Seite zwar voll verstehen konnte, aber es war nicht leicht für mich, schon wieder von einem Menschen gegängelt zu werden, der so verbissen war in seinem Drang nach Qualität und mich das jeden Tag spüren ließ. Bei unseren Arbeitszeiten war es außerdem schwer, in dieser mir noch ungekannten Stadt neue Kontakte zu knüpfen.

Das hat mir echt jede Motivation geraubt, und es dauerte kein halbes Jahr, da rief ich unter Tränen meinen Vater an und sagte ihm, dass ich die Lehre schmeißen und nach Hause kommen wolle. Der hörte sich einen Moment mein Gejammer und meine Klagen an und beendete unser Gespräch dann mit den Worten: »Probleme klärt man, und wenn man etwas anfängt, dann bringt man es auch zu Ende.« Dann legte er auf. Typisch Papa. Man mag das nun von meinem Vater für wenig einfühlsam halten, aber immerhin hat seine knappe Ansage damals bewirkt, dass ich den Restmut meines verzweifelten Ichs zusammenkratzte und unseren Abteilungsleiter um ein Gespräch bat. Ich erzählte ihm ganz ehrlich, was mir in der Konditorei und auch an seinem Führungsstil nicht gefiel, und was soll ich sagen: Er hörte mir zu, spielte mir zurück, was ihm an mir und meiner Art nicht passte, und wir hatten nicht nur ein gutes Gespräch, sondern fortan einen sehr guten Draht zueinander, was später für mich fast der Grund gewesen wäre, meine Zeit in dieser schönen Stadt noch zu verlängern. Als ich dann kurze Zeit später in Carsten, Stefan und Peter auch ein paar neue Freunde gefunden hatte, erschien mir mein Leben in Saarbrücken in einem völlig neuen Licht. Alle drei waren rund zehn Jahre älter, schwul, und eröffneten mir das bunte Leben in der Stadt. Die Altstadt, die Wein- und Straßenfeste, als Hetero mit ihnen auf Schwulen- und Lesben-Partys feiern zu gehen, das alles schenkte mir eine nie gekannte Lebensfreude, und ich begann zum ersten Mal, die Freiheit zu genießen, völlig unbeobachtet und außerhalb des familiären Radars mein eigenes Leben zu führen. Es war einfach ein gutes Gefühl, auf der Arbeit super zurechtzukommen und gleichzeitig mit großer Freude das Leben zu genießen. Danke euch, Männers!

Ich hatte, nach einem holprigen Start zum Ende meiner Lehrzeit in Saarbrücken, also doch ein paar gute Erfahrungen gemacht. Zum Beispiel, dass miteinander Reden Sinn macht, wenn die Dinge nicht rundlaufen, und man auch das Gespräch mit Vorgesetzten nicht scheuen sollte, um Probleme aus der Welt zu schaffen. Denn nur Menschen, die aussprechen, wo der Schuh gerade drückt, kann auch geholfen werden. Herr Demmer hatte mein Bewusstsein für Qualität weiter geschärft, aber mit dem Konditorhandwerk bin ich trotzdem nie richtig warm geworden. Konditor ist ein sehr filigraner Beruf, bei dem du in alles, was du tust, viel mehr Zeit investieren musst. So eine kleine Praline zu fertigen, ist echt ein vielschichtiger Prozess. Der Bruch der Schokolade, die feine Füllung, die Verzierungen – das muss alles perfekt aufeinander abgestimmt sein. Im Vergleich zum Bäcker ist Konditor eindeutig der anspruchsvollere Beruf, aber es war ganz einfach nicht mein Ding. Trotzdem hat mir die Zeit in Saarbrücken einen starken Push gegeben und mein Selbstbewusstsein weiter wachsen lassen.

Dank meiner abgeschlossenen Ausbildung zum Bäcker konnte ich den nächsten Handwerksberuf in nur zwei Jahren erlernen. Und da ich den strengen Blick des Küchenchefs und die Vollkatastrophe in Baden-Baden nicht vergessen hatte und nun auch auf der Berufsschule mit mehr Engagement und deutlich besseren Noten unterwegs war, konnte ich meine Lehrzeit noch einmal um ein halbes Jahr verkürzen. Ich hatte also in dreieinhalb Jahren zwei Berufe erlernt, was in so kurzer Zeit nicht viele schaffen. Ich kenne jedenfalls keinen, und das hat mich damals schon richtig stolz gemacht. Ich fühlte mich jedenfalls ein ganzes Stück erwachsener und habe für mich herausgefunden, was ich wirklich werden wollte: ein richtig guter Bäcker, vielleicht sogar der beste.

Mit sehr viel positiver Energie geladen, begann ich, mir Gedanken über meine nächsten Schritte zu machen. Der Fokus sollte nun klar auf dem Backen liegen, und ich wollte meine Gesellenzeit bis zur Meisterschule nutzen, um meinen handwerklichen Horizont zu erweitern. Meine Wahl fiel auf die *Fritz Mühlenbäckerei* in München, wo ich von März 2010 bis

Juni 2011 gearbeitet habe und zum ersten Mal mit einer Bio-bäckerei in Berührung kam. Im Rückblick war dieser Schritt nach München auch der erste Step auf dem Weg, den ich später meine *Road to Bakery* genannt habe, den Weg zu meiner eigenen Bäckerei. Damals aber war mir dieser Gedanke noch nie durch den Kopf gegangen. Wir hatten auch zu Hause noch nie darüber gesprochen, weil es wohl für uns alle auch unausgesprochen auf der Hand lag, dass ich spätestens nach bestandener Meisterprüfung in den elterlichen Betrieb einsteigen würde. Die Reise aber, die dann mit der ersten Etappe in München begann, schenkte mir nicht nur eine Menge Welterfahrung, sondern eröffnete mir auch völlig neue Perspektiven, was mein Handwerk und meine berufliche Zukunft betraf.

Meine Road
to Bakery

VANCOUVER

BISHOP

GALWAY

BONN

LAHNST

SAN FRANCISCO

LOS ANGELES

LAS VEGAS

Z

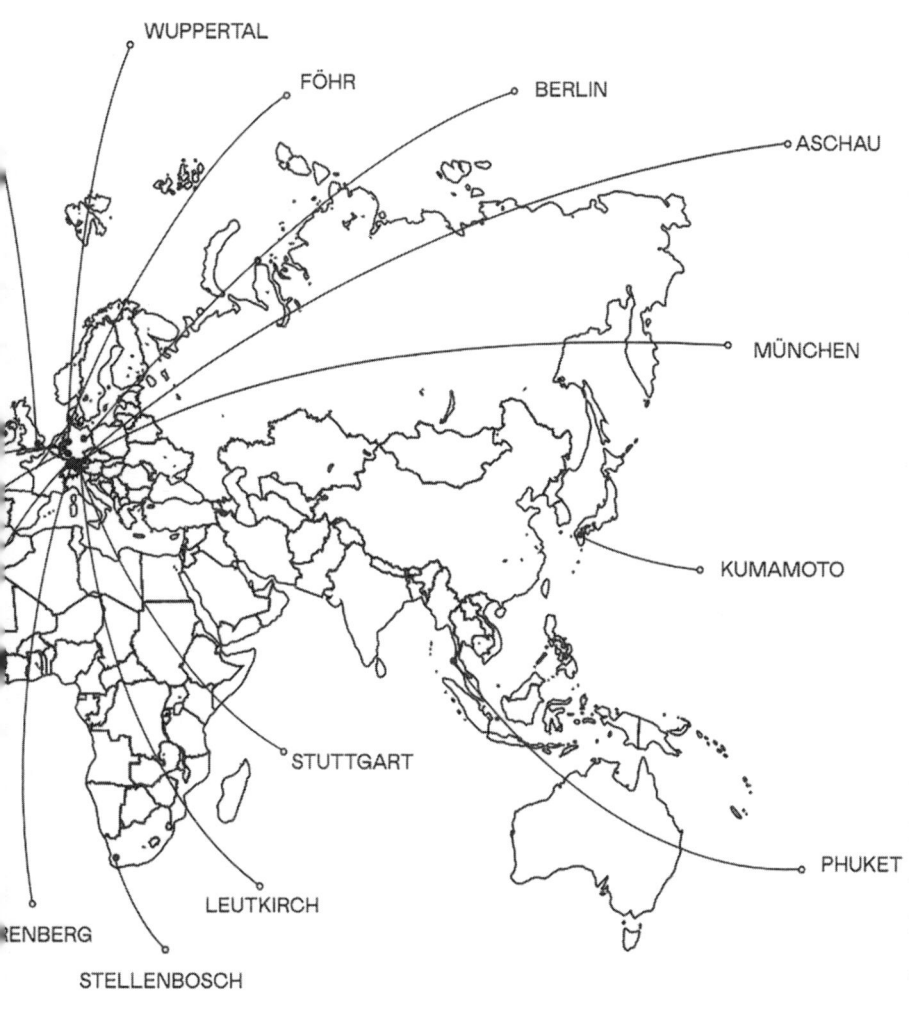

WUPPERTAL

FÖHR

BERLIN

ASCHAU

MÜNCHEN

KUMAMOTO

STUTTGART

PHUKET

LEUTKIRCH

RENBERG

STELLENBOSCH

Ich hatte in meinem ersten Lehrjahr in Saarbrücken 245 Euro verdient. Im Monat. Meine Eltern hatten mir, wie auch meinen anderen Geschwistern, während der Lehre die Wohnung bezahlt. Auch deshalb war ich letztlich froh, dass ich meine Konditorlehre nicht geschmissen, sondern durchgezogen hatte. Jetzt aber wollte ich so langsam auf eigenen Beinen stehen. Mein Vater hatte in den einschlägigen Bäckerzeitungen Anzeigen für mich geschaltet, »Geselle sucht …«. Das waren, wie damals noch üblich, Chiffre-Anzeigen, deren Antworten uns dann vom Verlag zugeschickt wurden. Die *Fritz Mühlenbäckerei*, mit den Inhabern Fritz und Matthias, war damals tatsächlich die letzte Bäckerei, die sich auf meine Annonce meldete, aber sie unterschied sich deutlich von allen anderen Angeboten, die mich bis dahin erreicht hatten. Die meisten anderen hatten ein Blatt Papier geschickt, mit ein paar Sätzen wie »Wir sind die Bäckerei Müller« oder »Meier« und »Sie können gerne bei uns anfangen«. Fritz aber schickte ein großes Kuvert mit einer schönen Brotbroschüre und neben einem freundlich formulierten Brief auch vielen weiteren Informationen über ihr Unternehmen. Das sah sehr cool und hochwertig aus, und ich dachte nur: Wie geil wäre das denn, wenn ich als alter FC-Bayern-Fan jetzt in einer Weltstadt wie München arbeiten könnte? Also vereinbarte ich ein Vorstellungsgespräch und machte mich auf den Weg nach München.

Die Bäckerei lag in München-Haidhausen, mit der Backstube in einem Hinterhof, der vom Getreidegeruch erfüllt war. An meinem Probetag wurde ich super herzlich empfangen und habe ein paar Stunden mitarbeiten dürfen. Die Kolleginnen und Kollegen waren echte »Ökos«, die eine ganz andere Einstellung zum Leben hatten. Das war für mich völlig neu, aber auf den ersten Blick auch sehr sympathisch. Der ganze Tag war für mich ein echtes Erlebnis, und ich musste nicht lange überlegen, um meine Entscheidung für München und die Mühlenbäckerei zu treffen.

Matthias, einer der beiden Chefs, nahm mich damals an meinem Probetag auch mit auf die Baustelle für die neue Produktion, die gerade im Entstehen war und in einem halben Jahr fertig sein sollte. Die Mühlenbäckerei hatte zwar nur zwei Läden, war aber stark im Liefergeschäft und versorgte mit ihrem Brot an die 50 Biosupermärkte. Und weil die Gewerbeaufsicht wohl schon häufiger über dies und das gemeckert hatte, was nicht mehr den zeitgemäßen Vorschriften entsprach, hatten meine beiden Chefs, Fritz, Anfang 50, und Matthias, Mitte 40, beschlossen, eine neue Backstube zu bauen. Sie mussten modernisieren, wollten aber auch eine höhere Auslastung erreichen und haben sich gedacht: Lass uns das jetzt machen, dann hat sich diese Investition in gut zehn Jahren amortisiert. Matthias erzählte mir bei einem Mittagessen ausführlich von den Plänen und Zukunftsideen der Bäckerei und weihte mich auf eine tolle Art in das Ganze ein. Auch da dachte ich: Die pflegen hier einen ganz anderen Umgang mit ihren Mitarbeitern und bemühen sich wirklich auch um mich. Das habe ich später für mich so übernommen. Wenn ich einen Bewerber zum Probearbeiten einlade, gehe ich wenigstens einmal abends oder mittags mit ihm essen. Ich nehme mir gerne diese ein, zwei Stunden Zeit, um auch den Menschen, der da bei mir

In der *Fritz Mühlenbäckerei* in München habe ich das erste Mal mit Biorohstoffen gearbeitet. Hier mit Matthias, einem der beiden Chefs.

arbeiten will, besser kennenzulernen, und das lohnt sich, selbst wenn es danach nichts wird mit einer Zusammenarbeit. Ich möchte ihnen zeigen, dass ich mich wirklich für sie interessiere und sie für meine Backstube gewinnen will. Ich vergleiche ja viele Dinge gerne mit dem Fußball. Und so eine Bewerbung ist dann eben eine Art Transfergespräch, in dem ja nicht nur der Bewerber bestehen muss, sondern ich ihn umgekehrt auch von mir und meiner Backidee überzeugen möchte.

Die ersten sechs oder acht Wochen wohnte ich in Unterhaching in einer eher spartanischen Unterkunft für Monteure und Handwerker aus dem Osten – acht Quadratmeter Zimmergröße mit Gemeinschaftsdusche. Nicht gerade das, was man sich erträumt, aber die Bude war bezahlbar und vor allem verfügbar, was man in München erst einmal finden muss. Der fehlende Komfort war mir damals völlig egal, denn mein persönlicher Plan war klar: Für mich ging es darum, besser zu werden und Geld zu verdienen. Also habe ich vom ersten Tag an Vollgas gegeben und auch meinen Chefs immer signalisiert, dass ich keine freien Tage brauche, wenn es irgendwelche Extraschichten zu vergeben gab. Ich kannte ja eigentlich auch kein anderes Leben. Zu Hause hatten wir in der Regel sieben Tage in der Woche gearbeitet, und in Saarbrücken war es auch eine Sechs-Tage-Woche gewesen. Arbeitsfreie Tage waren eine echte Seltenheit für mich, und außerdem machte mir die Arbeit in München Spaß.

Ich fand dann bald eine etwas schönere Wohnung auf dem Land, so eine halbe Stunde von München entfernt, und meine täglich Routine war: arbeiten, schlafen, arbeiten. An einem dieser Tage bin ich nach meiner Schicht in der Bäckerei noch in ein Möbelhaus gefahren, um ein paar Sachen für die neue Wohnung zu besorgen. Und dann passierte es: Auf dem Weg nach Hause sind mir während der Fahrt kurz die Augen zugefallen – mit ziemlich unschönen Folgen. Ich war schon innerhalb meines Wohnorts, als ich in einer lang gezogenen Linkskurve frontal mit einem entgegenkommenden Fahrzeug zusammenkrachte. Wach wurde ich von dem lauten Knall, den die Explosion der Airbags auslöste. Einen verstörenden Moment lang saß ich leicht benommen da und versuchte zu verstehen, was gerade passiert war. Zum Glück konnte ich unverletzt aussteigen und rief erst einmal meinen Vater an. Der meinte gleich: »Sag bloß nicht, dass du eingeschlafen bist. Wenn dich einer fragt, kannst du dich an nichts erinnern.« Ich war vor allem erst einmal froh, dass auch mein Unfallgegner keine schwerwiegenden Verletzungen erlitten hatte, aber wir kamen zum Check erst einmal beide ins Krankenhaus. Schon dort schoss mir durch den Kopf: »Scheiße, wenn du jetzt ausfällst und keine Kohle verdienst, das geht absolut gar nicht.« Im Krankenhaus wollten sie mich mindestens einen Tag zur Beobachtung dabehalten, aber ich winkte nur ab und erklärte dem Arzt, dass ich unverletzt sei und nicht bleiben könne. Der Mann, dem ich ins Auto gefahren war, wurde von seiner Frau in der Notaufnahme abgeholt, und die beiden fragten mich doch tatsächlich, ob sie mich noch nach Hause fahren könnten. Ich fand das unglaublich nett, und er sah auch von einer Strafanzeige gegen mich ab, sodass die Sache, bis auf einen Blechschaden, schnell erledigt war. Na ja, mein Auto war

Schrott. Als ich meinen Chef anrief, sagte der, ich solle mich erst einmal ein paar Tage ausruhen und könne dann für die nächste Zeit den Firmenwagen nutzen. Auch meine Mutter kam zwei Tage vorbei, um zu schauen, ob es mir wirklich gut geht.

Wie gesagt, körperlich hatte ich keinen Kratzer abgekommen, und doch war dieser Crash für mich eine kleine Zäsur. Der Schreck saß mir auch Tage danach noch ganz schön in den Knochen. Ich war an eine Grenze gekommen und dachte für mich: »Wegen so einem Scheiß hättest du fast dein ganzes Leben und das eines anderen Menschen wegschmissen, das kann nicht sein.« Ab diesem Tag begann ich, ein paar Dinge in meinem Leben zu verändern. Vor allem lernte ich den Wert von freien Tagen zu schätzen und achtete mehr darauf, dass mein Leben nicht nur aus Arbeit besteht. Glücklicherweise ergab sich kurz darauf die Möglichkeit, zu einem meiner Arbeitskollegen in die Stadt nach Giesing zu ziehen, weshalb ich in meinem zweiten halben Jahr in der Mühlenbäckerei die Vorzüge des Lebens in München kennenlernte und eine andere Sicht aufs Leben gewann. Ich kann mich noch sehr gut an Fasching erinnern. Als alter Rheinländer wollte ich den Münchnern mal zeigen, wie man bei uns den Karneval feiert und zog mit einigen Arbeitskollegen los. Nach viel zu viel Bier schlief ich auf dem Rückweg in der S-Bahn ein und muss fast vier Stunden kreuz und quer durch die Stadt gefahren sein, denn ich kam erst kurze Zeit vor meinem Arbeitsbeginn wieder in meine WG. Meine Mitbewohner Dominique rief gleich mal bei Matthias an, um ihm mitzuteilen, dass ich leider nicht in der Lage

Das tolle Team der *Mühlenbäckerei*: Der menschliche Umgang und Führungsstil hat mich damals beeindruckt und geprägt.

und Verfassung sei, um zur Arbeit zu kommen. Zu meinem Glück und Erstaunen reagierte mein Chef nicht etwa empört oder verärgert, sondern meinte lediglich, ich solle kommen, wenn ich wieder fit bin. Als ich dann gegen acht Uhr morgens und noch reichlich blass um die Nase die Bäckerei betrat, musste der große Karnevalist aus dem Rheinland natürlich jede Menge Spott und Sprüche über sich ergehen lassen. Ich erzähle das eigentlich nur, weil sich dieser Abend auch in einer Regel für meine eigene Bäckerei manifestiert hat: Bei mir hat jeder einen Freifahrtschein, wenn er am Abend zuvor mal über die Stränge geschlagen hat.

Üblicherweise fängst du in einer Bäckerei erst einmal am Tisch an, wo der Teig abgewogen und die Brote in Form gebracht werden. Von dort arbeitest du dich dann hoch. Das gelang mir in der Mühlenbäckerei recht schnell. Ich bin zwar damals noch nicht als Teigmacher eingesetzt worden, was mich im Umgang mit den Biomehlen auch sehr interessiert hätte, aber ich habe sehr bald die komplette Ofenführung übernommen. In der Backstube gibt der Teigmacher das Tempo vor, und in enger Abstimmung mit dem Ofenmann koordinieren beide die Taktung aller Arbeitsschritte und Abläufe. Wir waren ein klasse Team in der Backstube. Allein die herzlichen Menschen dort, das war ein völlig anderer Schlag. Die haben den ökologischen Gedanken auch in ihrem privaten Umfeld gelebt, und das macht auch etwas mit der Arbeitsatmosphäre. Wir haben zum Beispiel alle zusammen gefrühstückt und die Arbeit in der Backstube musste so lange warten. Das muss man sich mal vorstellen, schließlich gilt doch für die meisten das Prinzip:

Zeit ist Geld. Hier nicht. Das war einfach toll und stärkte das Miteinander im Team. Und ganz ähnlich versuche ich es heute in meiner Bäckerei zu leben.

Alle meine Bäckerinnen und Bäcker gehen zusammen in die Pause und können einen Moment abschalten. Wie damals in München bekommen meine Leute von mir auch alles, was sie für ein gutes Frühstück benötigen. Weil der Ofen auf Hochtouren läuft, muss ich zwar weiter abbacken, weil ansonsten der Nachschub ins Stocken kommt, aber der Rest des Teams hat gemeinsam eine kleine Auszeit. In unserer Backstube ist immer ein gewisser Druck zu spüren, und die gut synchronisierten Arbeitsabläufe müssen stets ineinandergreifen. Deshalb ist die Pause wichtig, und es ist auch gut, dass meine Mitarbeiterinnen und Mitarbeiter diese Zeit für sich haben. Auch mir tut es gut, wenn in der Backstube für einen Moment Ruhe einkehrt. Oft schalte ich dann den Lüfter am Ofen ab, suche mir gute Musik aus und bin dann ganz bei mir. Es tut beiden Seiten gut, und deshalb habe ich kürzlich auch mein Büro im Stockwerk über der Bäckerei geopfert, um daraus einen Pausenraum zu machen, an den sich ein kleiner Garten anschließt, der je nach Wetterlage genutzt werden kann. Meine Leute sollen sich wohlfühlen, und hinter der ganzen Idee steckt für mich auch so eine kleine Erfahrung aus meiner Münchener Zeit.

Der Unterschied zwischen einer konventionellen und einer Biobäckerei ist mir damals zuerst in der Frühstückspause so richtig bewusst geworden. Da ich jeden Tag ausschließlich

Lebensmittel in Bioqualität gegessen habe, hat sich mein Wohlbefinden verändert. Und so habe ich auch das Arbeiten mit diesen Rohstoffen immer besser verstanden. Wenn mit Biorohstoffen gearbeitet wird, ist das Produkt, das du herstellst, einfach vollwertiger, der Geschmack intensiver und das Gefühl, so zu arbeiten, ein ganz anderes. Ich bin auch davon überzeugt, dass Menschen, die sich bei ihrer Arbeit wohl und geschätzt fühlen, am Ende des Tages das bessere Produkt schaffen. In unserem Fall eben unser Brot. Mich hat in München der menschliche Umgang jedenfalls sehr positiv überrascht, denn der Laden lief ja trotzdem wie am Schnürchen, oder wohl eher gerade deshalb. Wir haben ein ehrliches Brot gebacken, und genauso ehrlich sollte der Umgang miteinander sein.

Die Arbeit in Fritzens kleiner Backstube hat mir damals wirklich Spaß gemacht, aber jetzt war es so weit: Es ging in die neue Backstube. Das ist oft genau der Punkt, an dem sich vieles ändert und nichts mehr so sein wird, wie es vorher war. Mit dem Wachstum setzt eine Dynamik ein, die dann zur Normalität wird. Vorher war zwar alles klein, aber überschaubar. Sicher viel zu eng und oft umständlich, aber es war vertraut und heimisch. Ich habe immer das Gefühl, diese kleinen Backstuben kennen und verstehen dich. Da wird man im wahrsten Sinne schnell warm miteinander. Dagegen wirken die großen Produktionshallen eher gefühllos, kalt und unvertraut. Kein heimischer Geruch, keine Geborgenheit, keine Tradition. Mit so einer neuen Produktion und toller neuer Technik löst du sicher viele alte Probleme, weißt manchmal aber nicht, dass du dir auch neue schaffst, vor allem wenn die neue Backstube viel größer ist.

Genau das war das Problem, als der Umzug von der alten, kleinen in die neue, riesige Backstube über die Bühne ging. Der Übergang in die neue Produktion war viel mehr als nur ein Umzug. Die neue Backstube lag ein Stück außerhalb von München und war sicher drei- bis viermal so groß, was sich als echte Herausforderung entpuppen sollte. Auch für mich war das Neuland, und es wäre naiv zu glauben, dass man einfach die alte Backstube zuschließt, die neue betritt, und dann läuft alles wie geschmiert, weil wir doch alle wissen, wie unser Brot und unsere Brötchen funktionieren. Nein, so läuft das leider nicht. In der alten Backstube wusste jeder, wo sein Platz war, und das Team arbeitete routiniert Hand in Hand. Jetzt mussten wir alle Arbeitsabläufe auf einen viel größeren Raum übertragen, und bis so ein System steht, ist es ein weiter Weg. Ich glaube, selbst bei einem Topteam wie dem FC Bayern würden die einstudierten Laufwege und das präzise Passspiel nicht mehr funktionieren, wenn der Platz plötzlich doppelt so breit und lang wäre. Und genau diese Automatismen haben wir in den ersten Wochen einfach nicht hinbekommen. Hinzu kam, dass auch unsere Chefs zu viel um die Ohren hatten und uns die Führung in der Backstube fehlte. Statt jeden Morgen da zu sein und bis mittags in der Backstube zu bleiben, um uns zu sagen, wie die Dinge zu laufen haben, waren wir zuweilen auf uns alleine gestellt, wie eine Mannschaft ohne Kapitän und Trainer. Außerdem hatten wir in der Backstube ein völlig neues Ofensystem, das aber auch nicht richtig funktionierte, und so kamen viele Dinge zusammen, unter denen nicht nur unsere Qualität extrem gelitten hat. Als sich die Beschwerden häuften und dann die ersten Biomärkte abgesprungen sind, weil sie mit unserem Brot nicht mehr zufrieden waren, stieg natürlich der Druck auf unsere Chefs, was sich dann zwangsläufig auch negativ auf unser Betriebsklima ausgewirkt hat. Als sich mein Jahr in München seinem Ende näherte, waren von der alten, zehnköpfigen Crew noch zwei Leute da, weil sich die anderen in dem großen Laden einfach nicht mehr wohlgefühlt haben. Wie eng die Sache plötzlich wurde, kann ein kleines Beispiel zeigen. Im Jahr dieses Umzugs informierten Fritz und Matthias das Team, dass das Weihnachtsgeld diesmal ausfallen müsse. Ihre Begründung, lieber einmal kein Weihnachtsgeld als nie wieder Lohn und Weihnachtsgeld, mag aus unternehmerischer Sicht vielleicht vernünftig gewesen sein, führte aber gewiss nicht zu einem Motivationsschub bei den Mitarbeitern, sondern schickte die Stimmung vollends in den Keller. Ich hatte für diesen Vorschlag volles Verständnis, wahrscheinlich, weil ich aus einem Familienbetrieb komme und diese Art des unternehmerischen Denkens von zu Hause kenne. Aber ich habe damals auch so etwas wie Solidarität empfunden, weil ich mich als ein Teil der Mühlenbäckerei-Familie gefühlt habe. Glücklicherweise hat die Mühlenbäckerei irgendwann die Kurve gekriegt und auch viele der Mitarbeiter, die das Unternehmen verlassen hatten, kamen wieder zurück, weil sie wohl feststellen mussten, dass es woanders nicht unbedingt besser ist. Das hat mich wirklich gefreut, aber es war für mich auch eine prägende Erfahrung, zu erleben, wie schnell du deine Qualität und damit deinen guten Ruf verspielen kannst.

In meinen letzten Wochen in München begann ich zu überlegen, was mein nächster Schritt sein sollte. So sehr ich das Leben in München auch genoss, wollte ich jetzt doch wieder etwas näher an die alte Heimat, nicht zuletzt weil es nicht leicht ist, als Bäcker mit diesen Arbeitszeiten und auf diese Distanz eine Fernbeziehung zu führen. Trotz meiner Rückkehrpläne ist diese dann leider, kurz bevor ich München verließ, in die Brüche gegangen. Als Bäcker hatte ich in München einige wertvolle Erfahrungen gesammelt. Zum Beispiel, dass ich absolut der Bäcker bin, der sich in kleinen Backstuben zu Hause fühlt. Oder dass die Arbeit auch mal ruhen muss, um neue Kraft zu tanken und bloß nicht noch einmal aus der Kurve zu fliegen. Außerdem habe ich in der *Fritz Mühlenbäckerei* diesen menschlichen Führungsstil erlebt, der für mich prägend war. Merci euch allen! Auf der privaten Ebene fiel die Bilanz meiner Münchner Zeit dagegen weniger positiv aus: Erst im Sekundenschlaf die Karre zerlegt und dann auch noch die Beziehung.

Zumindest meine Mobilität wollte ich vor meinem Abschied aus der Mühlenbäckerei zurückgewinnen. Ich hatte etwas Geld auf die Seite gelegt, um mir ein neues Auto zu kaufen. Ich fand im Internet ein interessantes Angebot. Ein Golf GTI, der in Bonn zum Verkauf stand. Ich vereinbarte mit dem Verkäufer einen Termin für eine Probefahrt, und als ich zum vereinbarten Treffpunkt kam, stand direkt neben diesem Golf der Lieferwagen einer Bäckerei. Lustig, dachte ich noch, so ein Zufall. Wie sich dann herausstellte, war der Autoverkäufer tatsächlich Bäcker, Stefan Krüger, ein Typ so um die 40, der mir während der Probefahrt von seiner Bäckerei erzählte. Wir waren uns von Anfang an sympathisch, und weil mich auch das Auto überzeugte, beschloss ich, den Golf zu kaufen. Allerdings war der Kaufpreis ein Problem, weil er meine finanziellen Ressourcen überstieg. Ich fragte deshalb meinen Vater, ob er mir die fehlenden 8 000 Euro leihen könne, und vereinbarte mit ihm eine monatliche Ratenzahlung, um meinen Kredit zurückzuzahlen.

Eine Woche später, ich stand gerade in München in einem Supermarkt an der Kasse, rief mich der Autoverkäufer an und fragte: »Herr Kugel, Sie haben mir doch erzählt, dass sie gerade eine neue Stelle suchen. Haben Sie nicht Lust, bei mir anzufangen?« Überrascht fragte ich zurück, wie er denn auf die Idee gekommen sei. »Wir haben doch nur eine Probefahrt zusammen gemacht, und Sie kennen mich doch gar nicht.« Er meinte, wir hätten doch ein gutes Gespräch geführt, bei dem er einen positiven Eindruck von mir gewonnen habe. Er jedenfalls könne sich das gut vorstellen. Ich überlegte kurz und sagte: »Okay, ich komme gerne mal zum Probearbeiten vorbei, um mir ihre Bäckerei anzuschauen.« Das habe ich dann auch gemacht. Die *Bäckerei Gruhn* war wirklich ein kleiner Laden, bot ihren Kunden aber ein Vollsortiment an – Brot, Brötchen, Schnecken, Croissants und vieles mehr. Es war eine konventionelle Bäckerei mit einigem Tiefkühl- und Convenience-Einsatz, aber trotz meiner ersten Erfahrungen bei einem Biobäcker war meine Prämisse damals noch nicht, nur noch rein biologisch zu arbeiten. Das Reizvolle an dem Angebot war, dass ich die komplette Führungsarbeit in der Backstube übernehmen sollte, und das schien mir in diesem kleinen Maßstab der perfekte nächste Schritt zu sein.

Ich nahm mir nach meinem Probetag in Bonn eine Tüte mit Backwaren mit und fuhr nach Hause, um das Angebot mit meinem Vater zu besprechen. Was die Qualität der Produkte aus Bonn anging, hielt sich Papa zwar mit seiner Meinung zurück, machte die Sachen aber auch nicht schlecht, und nachdem ich ihm berichtet hatte, was der Plan für Bonn war, sagte er: »Okay, dann schau dir das doch mal an.« Ich hatte für mich durchgerechnet, dass ich, inklusive der Kreditrückzahlung an meinen Vater, pro Monat 1 800 Euro netto verdienen muss, wenn der Job für mich funktionieren sollte. Als ich damit rüberkam, schüttelte mein Vater nur den Kopf: »Na dann viel Glück, das wirst du als Geselle nicht kriegen, das sind ja fast 2 600 Euro brutto für die Bäckerei.« Ich sagte nur: »Das brauche ich aber, und das bin ich auch wert.« Ich fuhr also mit ziemlich klaren Vorstellungen zu den finalen Vertragsgesprächen nach Bonn und erklärte Herrn Krüger: »Ich mache das. Ich leite die Backstube, ich schreibe die Backzettel, organisiere die Arbeitseinteilung, und ich nehme Ihnen eine Menge Arbeit ab, aber dafür brauche ich netto 1 800 Euro.« Das war damals tatsächlich eine echte Hausnummer für einen Gesellen. Ich bin mir nicht mehr sicher, ob mein Gegenüber kurz geschluckt hat, aber die Antwort war: »Lassen wir uns mal mit 1 600 netto anfangen, und wenn alles gut läuft, können wir in zwei, drei

Monaten auf 1 800 erhöhen.« Das schien mir ein fairer Deal, und ich sagte zu. Er drückte mir beim Abschied dann noch 70 Euro für die Fahrtkosten in die Hand, und ich dachte nur: »Krass, der gibt dir einfach so 70 Euro, obwohl er das nicht müsste.« Das war wieder so ein Moment in dem ich mich sehr wertgeschätzt gefühlt habe.

Im Juli 2011 kam ich also nach Bonn und war mit meinem Chef auf Anhieb auf einer guten Wellenlänge. Wir waren uns auf eine Art sehr ähnlich, weil wir das, was wir tun, sehr gerne tun und auch gut können. Er war ein wenig eigenbrötlerisch, konnte stur sein und ließ sich nicht gerne groß reinreden. Eigenschaften, die ich auch von mir gut kenne. Logisch, dass wir da zuweilen angeeckt sind, aber das tat dem guten Draht, den wir zueinander hatten, keinen Abbruch. Außerdem hatte ich meinen neuen Chef offensichtlich sehr schnell von meinen Fähigkeiten überzeugt. Ich war vielleicht seit gut drei Wochen an Bord und gerade im Lager, um einen Sack Mehl zu holen, da kam er auf mich zu und sagte: »Max, ich hab's mir überlegt, wir machen das mit den 1 800 schon diesen Monat.« Cool, dachte ich, und ging bei meinem nächsten Besuch zu Hause mit einem breiten Grinsen im Gesicht auch gleich zu meinem Vater. »Ich hab's dir ja gesagt, Papa, ich krieg die 1 800 Euro.« Für mich war Bonn so eine Art Experimentierbackstube. Ich hatte das erste Mal die Gelegenheit, ein Team zu führen, einen Chef, der mir Vertrauen schenkte und mich wirklich an der langen Leine laufen ließ. Darüber hinaus lernte ich hier Alex kennen. Alex war eine Aushilfe in der Bäckerei, die kurze Zeit später und nach einem gemeinsamen Wochenende auf dem Münchner Oktoberfest meine Freundin wurde.

Mein Fokus lag zwar auf der Organisation der Backstube, aber ich wollte auch kleine Veränderungen anschieben, und wenn ich mit einem Vorschlag zu meinem Chef kam, was wir anders oder besser machen könnten, dann sagte er meist, »ja, mach das mal«. Mich hat es zum Beispiel immer wahnsinnig aufgeregt, wenn unser Laden um sieben Uhr öffnete und die Theke nicht richtig eingeräumt war, weil die Verkäuferin erst eine Viertelstunde vor Ladenöffnung damit anfing und oft nicht fertig war, bevor die ersten Kunden kamen. Ich ging zu meinem Chef und polterte los: »Herr Krüger, das ist doch wirklich eine Vollkatastrophe, wenn die ersten Kunden kommen und unsere Theke nicht richtig vorbereitet ist. Wir machen doch hier keine halben Sachen.« Bin ich da zu pingelig? Ich denke nicht, denn wenn ich mein Team in der Backstube antreibe, sorgfältig zu arbeiten, um eine gute Qualität zu produzieren, dann erwarte ich auch, dass unsere Produkte im Laden tipptopp präsentiert werden. Mein Chef sagte nur: »Dann gehen Sie doch mal nach vorne und machen das so, wie Sie es gerne hätten.« Er hatte schon verstanden: Wenn der Junge so brennt, dann lösch das Feuer nicht. Jedenfalls hat er mir großen Freiraum gegeben, den ich dann auch genutzt habe. Mir gefiel beispielsweise nicht, dass wir für unsere Teige Trockensauerteig benutzten. Den wollte ich durch richtigen Sauerteig ersetzen. Ich hatte damals davon zwar noch keine große Ahnung, aber hier hatte ich den Raum und die Möglichkeit, mich heranzutasten und wertvolle Erfahrungen zu sammeln.

Ein Sauerteig, das will ich kurz erklären, ist ein Vorteig und die natürlichste Art der Gebäcklockerung. Insbesondere Roggenmehl ist eigentlich ohne Sauerteig nicht backfähig, weil Roggenmehl keine Kleberstärke hat, die das ganze Teiggerüst zusammenhält. Roggenteige brauchen einen Sauerteig, und den mischt man am besten im Verhältnis von 1:1 mit Mehl und Wasser an. Dann deckt man ihn mit einem feuchten Tuch ab, damit der Teig nicht verhautet, lässt aber einen kleinen Spalt auf, damit auch etwas Luft dran kommt, und stellt ihn einfach ein paar Tage an einen warmen Ort. Über die Luft setzen sich dann Bakterien, von denen kein Mensch so genau weiß, was das eigentlich für Bakterien sind, auf diese angerührte Mischung und starten einen Gärprozess. Im Prinzip ist Sauerteig eine Spontanvergärung – nicht anders wie beim Wein. Über die Gärung entsteht, wie der Name schon sagt, ein säuerlicher Geschmack. Den angesetzten Sauerteig muss man immer wieder mit neuem Mehl und Wasser füttern, damit sich die Bakterien vermehren und der Teig seine Triebkraft erhält. Für einen Sauerteig muss man etwa eine Woche an Zeit investieren, damit er geschmacklich und vom Profil her die Substanz hat, um darauf aufzubauen. Da wir in unserer Bäckerei an jedem Tag die gleichen Mengen verarbeiten, nehmen wir auch jeden Tag ein Stück von unserem angesetzten Sauerteig weg und mischen ihn mit neuem Mehl zusammen, damit er für den nächsten Tag weitergären kann.

Im Prinzip ist so ein Sauerteig also eine never ending story, weshalb sich um ihn auch riesige Mythen ranken. Es gibt Bäcker, die erzählen, dass ihr Sauerteig schon 50 Jahre alt sei, und auch ich könnte behaupten, dass mein Sauerteig schon älter ist als meine Bäckerei. In meiner Gründungsphase fehlte mir nämlich die Zeit, um einen Sauerteig anzusetzen, weshalb ich mir ein Kilo aus dem Sauerteigbottich meines Vaters mitgenommen habe, den auch ich, rein theoretisch, bis heute weiter gefüttert haben könnte. Aber ehrlich gesagt, glaube ich diese Märchen vom Jahrzehnte alten Sauerteig in der Regel nicht, denn natürlich kann dir dein Sauerteig auch ganz schnell mal hopsgehen. Das ist auch bei mir schon vorgekommen. Gerade im Sommer, wenn es zu warm wird, kann es passieren, dass sich die Essigsäurebakterien nicht richtig bilden, und dann geht dir dein Sauerteig kaputt, und du musst ihn neu ansetzen. Deshalb ist beim Thema Sauerteig die Sicherung wichtig. Auch wir haben immer eine kleine Reserve im Kühlschrank. Wenn der Sauerteig reif ist, kann man ihn mit Mehl zu einer kneteartigen Masse verarbeiten und sechs bis acht Wochen im Kühlschrank lagern. So machen wir das auch, wenn wir Betriebsferien haben.

Da wir Roggen-, Weizen- und Dinkelmehl verarbeiten, haben wir auch verschiedene Sauerteige. Theoretisch lässt sich auch mit einem Weizensauerteig ein Roggenbrot backen oder umgekehrt, das bleibt letztendlich dem Bäcker überlassen. Ich lockere beispielsweise Weizenbrote lieber mit einem Roggensauerteig, weil das Aromaprofil für mich runder und mineralischer im Geschmack ist. Aber wenn man ein reines Weizenbrot backen will, dann kann da eben nicht ein 30-prozentiger Roggenanteil drin sein. Unser Aschauer Brot zum Beispiel, das zu je einem Drittel aus Roggen-, Weizen und Dinkelmehl besteht, lockere ich auch mit einem Roggensauerteig auf. Wenn du in deinem Brot keinen Roggenanteil hast, kannst du auch völlig auf Sauerteig verzichten und Hefe als Treib- und Lockerungsmittel nutzen. Ganz pauschal kann man sagen: Je höher der Roggenanteil ist, desto höher muss der Sauerteiganteil sein. Wenn ich für ein reines Roggenbrot den Teig anrühre, dann liegt der Sauerteiganteil so zwischen 45 und 50 Prozent. Ruht er dagegen über Nacht und hat damit eine längere Fermentationszeit, muss ich den Sauer- oder Vorteiganteil entsprechend reduzieren, denn der Teig arbeitet noch über viele Stunden weiter. Auch hier sind viel Fingerspitzengefühl und Erfahrung gefragt. Wir Bäcker sind nämlich nicht nur große Magier, sondern auch echte Alchemisten.

Mit meinem Bonner Chef habe ich auch häufiger über zu Hause gesprochen. Für mich stand ja damals noch immer ganz selbstverständlich fest, nach der Meisterschule, die ich im ersten Halbjahr 2013 absolvieren wollte, in unseren Familienbetrieb einzusteigen. Mein Chef, der mich ja nun auch schon eine Weile bei der Arbeit beobachtet hatte und inzwischen besser kannte, hinterfragte in unseren Gesprächen auch gerne mal meine Zukunftspläne und sagte: »Vergessen Sie das. Tun Sie mir einen Gefallen und machen Sie das nicht. Wenn bei euch zu Hause immer zwölf Stunden gearbeitet wird, dann werden es nicht plötzlich acht, nur weil Sie jetzt da sind und sich das wünschen. Das wird Ihr Vater nicht ändern.« Er hatte ja nicht ganz unrecht, und es war gut, seine Sicht auf die Dinge zu erfahren. Aber klar, er wollte mich natürlich auch davon überzeugen, länger bei ihm in Bonn zu bleiben. Bei einem unserer

Gespräche fragte er mich dann auch ganz konkret, ob es für mich eine Option wäre, wenn er die Kosten für die Meisterschule übernehmen würde und ich danach in Bonn langfristig in seinen Laden einsteige. So ein halbes Jahr auf der Meisterschule kostet immerhin 10 000 Euro, und es gibt viele Arbeitgeber, die das übernehmen, wenn du dich danach für so und so viele Jahre verpflichtest, im Betrieb zu bleiben. Aber kein Chef macht dieses Angebot einem Gesellen, von dem er nicht überzeugt ist, und insofern brachte er damit auch eine große Anerkennung meiner Arbeit zum Ausdruck, über die ich mich sehr gefreut habe. Trotzdem lehnte ich ab. Alles andere hätte sich für mich nicht richtig angefühlt.

Ich hatte damals ja noch gar keine Idee, wie ich mir die Zukunft meines Bäckerlebens vorstellte. Der Gedanke »eigene Bäckerei« hatte bei mir noch nicht angeklopft. Ich war eher selbst noch in einer Art Sauerteigphase, ich wollte mehr und frisches Futter, um noch ein Stück zu wachsen und reifer zu werden, handwerklich wie persönlich. Und außerdem bin ich in einem Familienunternehmen groß geworden. Wenn dir deine Familie eine arbeitsreiche, aber ansonsten unbeschwerte und sorgenfreie Kindheit geschenkt hat, wenn sie dir die Ausbildung in zwei Berufen ermöglicht hat und diese Familie natürlich auch die Kohle für die Meisterschule bezahlt, dann ist doch klar, was du zu tun hast. Da bist du als Sohn schon in der Bringschuld, und ganz bestimmt kommst du nicht mit einem völlig unausgereiften Plan um die Ecke und verkündest zu Hause mal nebenbei ganz locker: »Sorry Familie, ich hab's mir anders überlegt, ich gehe jetzt meinen eigenen Weg.« So dachte ich damals zumindest. Heute sehe ich das durchaus differenzierter und würde jedem Sohn und jeder Tochter, die in einer Unternehmerfamilie eventuell als Nachfolger infrage kommen, eine Sache wirklich ans Herz legen: Das Leben, die Wünsche und die Entscheidungen der Familie und der Eltern sind das eine. Auf der anderen Seite aber stehen wir selbst, und zunächst einmal sind wir es uns selbst schuldig, herauszufinden, was und wie wir leben wollen. Die Nachfolge eines Familienunternehmens anzutreten, kann ein großes Geschenk, aber auch eine schwere Bürde sein, wenn du eigentlich andere Pläne hast und dir dein Herz etwas anderes erzählt als deiner Eltern.

Klar war mein Bonner Chef ein wenig enttäuscht, als ich sein Angebot ablehnte, aber ich denke, er hat meine Gründe verstanden. Jedenfalls kommen wir bis heute gut miteinander klar, obwohl ich ja mittlerweile meine eigene Bäckerei in Bonn habe, jedoch nur Brot backe. Ich sehe uns aber als Kollegen und nicht als Konkurrenten, denn Bonn ist groß genug für uns beide. Meine Zeit in der *Bäckerei Gruhn* hat mich in dem Gefühl bestärkt, dass ich in einer kleinen Bäckerei besser aufgehoben bin. Ich habe hier gesehen, dass auch eine Bäckerei dieser Größe rentabel arbeiten kann, und hatte mit Stefan Krüger einen Chef, der mir den Freiraum gegeben hat, um mich weiterzuentwickeln. Er wusste schon, dass er sich auf mich verlassen konnte. So wie ich mich auf ihn. Darüber hinaus, war er zudem auch sehr großzügig. Wir sind – nicht nur an Karneval – öfter mal am Abend mit allen zusammen losgezogen. Dann hat er immer bezahlt und so auch noch mal seinen Dank ausgedrückt. Eine Eigenschaft, die ich mir von ihm abgeschaut habe, wenn auch wir im Team zusammen unterwegs sind. Denn den Wert, den beispielsweise so ein schöner Abend für das Team hat, kann man einfach nicht mit Geld bemessen. Egal ob damals oder heute, ich sehe so einiges von ihm in mir. Und das gibt mir ein gutes Gefühl, vieles richtig zu machen. Danke!

Wir befinden uns im Sommer 2012. Bis zur Meisterschule ist noch ein halbes Jahr Zeit, und da könnte man ja auf die Idee kommen, mal so richtig schön Urlaub zu machen. Aber Ferien, Faulenzen und einfach die Seele baumeln lassen sind Bedürfnisse, die in der kugelschen Familien-DNA komplett unterentwickelt sind. Tage mit Nichtstun verbringen, dafür fehlte auch mir die Fantasie, und deshalb machte ich mich auf die Suche nach einem neuen Job. Ich wollte mich nicht unbedingt wieder ein halbes Jahr verpflichten, weil ich schon das Gefühl hatte, handwerklich halbwegs fertig zu sein. Aber ich wollte noch etwas die Fühler ausstrecken, und da fiel mir in einem Bäckerforum eine Anzeige von Bäcker Hansen auf Föhr ins Auge, der eine Saisonkraft suchte. »Sommer, sechs Wochen Föhr, Weltklasse«, schoss es mir durch den Kopf, und ich nahm sofort Kontakt auf. Volker Hansen kannte meinen Namen und meinen Papa, er wusste also, aus welchem Stall ich komme, und wir waren uns schnell einig. Also habe ich meinen Koffer mit ein paar Klamotten gepackt und mich auf den Weg nach Föhr gemacht, wo mich ein Zimmer, ein Fahrrad und eine große Tasse mit meinem Namen drauf erwarteten.

Föhr war der Hammer. Ich habe mich auf Anhieb in diese Insel und ihre Bewohner verliebt. Auch wenn es nicht weit weg ist, lebt es sich so abgetrennt vom Festland völlig anders. Eigentlich vergisst man den Rest der Welt sofort, wenn man erst einmal da ist. Diese Insulaner sind schon ein cooles Völkchen. Auf den ersten, äußeren Blick tatsächlich eher friesisch herb, aber wenn sie wissen, wer du bist und wo du hingehörst, gibt es keine Berührungsängste. Mit dem Team in Volker Hansens Bäckerei kam ich super zurecht. Als Saisonhilfskraft musste ich mich ja quasi wieder ganz hinten anstellen, für die kurze Zeit hätte es sich nicht gelohnt, mich am Ofen einzuarbeiten oder Teige machen zu lassen. Ich habe die Brötchen abgesetzt und die Brote in Form gebracht, was handwerklich betrachtet kleine Fingerübungen sind. Aber vielleicht war es ja auch genau das, warum ich heute sage, Föhr war so etwas wie der schönste Arbeitsurlaub meines Lebens. Ich musste dort keine große Verantwortung übernehmen, weder für den Ofen, den Backzettel oder die Organisation der Backstube. Ich habe einfach meine Sachen abgearbeitet, und zwar mit sehr viel Freude.

Volker Hansen, den ich wirklich sehr schätze, ist nicht nur ein Top-Mensch, mit dem ich sehr schnell in einem tollen Austausch stand. Volker gehört auch zu den Bäckern, die wirklich darauf achten, dass sich die Leute, die bei ihm arbeiten, wohlfühlen. Da stand im Pausenraum ein Kicker, die Frühstückspause haben wir gemeinsam gemacht, und Volker hat alles dafür bereitgestellt. Auf seine fröhliche und seinen Mitarbeitern zugewandte Art hat er für ein sehr familiäres Klima gesorgt,

Die Zeit mit den Kolleginnen und Kollegen der Bäckerei von Volker Hansen auf Föhr war der schönste »Arbeitsurlaub« meines Lebens.

und das bei dieser bunten Mischung aus Einheimischen, langjährigen Mitarbeitern und den saisonalen Hilfskräften, von denen es im Sommer neben mir auch noch ein paar andere gab.

Wir haben nachts um ein Uhr in der Backstube angefangen, waren dann aber um zehn Uhr auch mit allem durch. Dann haben wir gerne zum frühen Feierabend noch was getrunken oder eine Runde Billard gespielt, und trotz Arbeit fühlte sich das für mich total entspannt und heiter an. Ich bin nach Feierabend auch gerne an den Strand geradelt und habe da meinen Mittagsschlaf gehalten. So konnte sich ein Bäckerleben also auch anfühlen. Ich hatte zum ersten Mal das Gefühl, wirklich zu leben. Eine in Bezug auf die Work-Life-Balance völlig neue Erfahrung. Damals dachte ich einfach: »Wie geil ist das denn?« Alles in allem erschien mir das Leben auf der Insel und auch ihre Bewohner doch sehr viel entspannter als alles, was ich bisher erlebt hatte.

Man kann so eine Inselbäckerei wie die von Volker Hansen natürlich nicht mit einem Festlandbäcker vergleichen. Da ist zum einen der große saisonale Unterschied. Zur Hochsaison im Sommer sind zehn Mal so viele Touristen auf Föhr wie es Einwohner gibt, und dann wird auch bei Bäcker Hansen deutlich mehr gebacken, mehr gearbeitet und der größere Teil des Umsatzes gemacht. Dafür kann man es im Winter ruhiger angehen lassen und ist auch gerne mal nach vier Stunden wieder zu Hause. Aber ich habe mir auch die Produkte genauer angeschaut und wie sie in der Bäckerei Hansen hergestellt werden. Das war schon interessant, denn auch hier merkst du, dass so eine Insel stärker gegen schnelllebige Trendbrotsorten abgeschottet ist. Hier ist beispielsweise kein Eiweißbrot oder Chia-Samen-Brot im Sortiment zu finden. Volker Hansen lebt und liebt die Einfachheit, und in seiner Bäckerei entstehen traditionelle Produkte wie ein saftiger Butterkuchen oder Franzbrötchen auf einem tollen Niveau. Meine Sommerwochen auf Föhr vergingen viel zu schnell, aber ich blieb mit Volker Hansen weiter in einem guten Austausch verbunden und sollte dann 2016 noch einmal für drei Monate zurückkommen. Aber davon später mehr.

Über meine Stationen in München, Bonn und Föhr hatte ich meinen zuvor eher heimatzentrierten Horizont etwas erweitert, und ich konnte von jedem meiner Chefs etwas mitnehmen: handwerklich, unternehmerisch, aber auch menschlich. Erfahrungen, die ich nie gemacht hätte, wenn ich nach der Ausbildung einfach zu Hause geblieben wäre. Ich hatte mich in relativ kurzer Zeit in unterschiedlichen Städten, Teams und Backstuben bewähren müssen und konnte mich in ganz unterschiedlichen Bereichen an den Beruf des Bäckers herantasten. All das verstärkte in mir das Gefühl zu wissen, was ich kann und was ich will: Nämlich vielleicht gar nicht nach Hause zurückzukehren, sondern mein Handwerk anders zu leben. Ganz leise meldeten sich erste Zweifel an meiner Rückkehr in unseren Familienbetrieb an.

Ganz sicher waren meine ersten Stationen auch die ersten Schritte in einem Ablösungsprozess von zu Hause. Ich hatte über Lahnstein hinaus mein eigenes Heimatland besser ken-

nen gelernt. Ich habe an unterschiedlichen Orten mit unterschiedlichsten Menschen gelebt und gearbeitet, habe wichtige
Erfahrungen gemacht, gute wie schlechte, und konnte meine
handwerklichen Fähigkeiten weiter ausbauen – das hat mich
ein gutes Stück eigenständiger werden und wachsen lassen.
Von der großen, weiten Welt aber hatte ich trotzdem bisher
noch nichts gesehen. Gegen Ende meiner Föhrer Zeit fragte
mich dann Alex, ob ich sie nicht auf eine zweimonatige Reise
nach Kanada begleiten wolle. Sie wollte Freunde besuchen, die
nach Vancouver ausgewandert waren, und danach noch die
Westküste der USA bereisen. Ich reagierte auf ihren Vorschlag
zunächst mal in typischer Kugel-Manier: Fast zwei Monate reisen, ohne etwas zu arbeiten, wie kann das gehen? Und damals
dachte ich auch: Was hat man von so einer Reise, die viel Geld
kostet, und am Ende bleiben nur ein paar schöne Erinnerungs-
fotos. Weil ich aber nicht zwei Monate ohne meine Freundin
sein wollte und die Reise vom Timing auch gut passte, sagte
ich zu. Aber für mich war auch schnell klar, dass ich, wenn ich
schon nicht arbeiten würde, zumindest die Backkultur dieser
Länder ein wenig studieren könnte. Und so suchte ich mir ein
paar interessante Bäckereien entlang unserer Reiseroute, die
ich besuchen wollte.

Heute kann ich sagen, dass ich sehr froh und Alex sehr dankbar bin, dass sie mich zu diesem Schritt und dieser Reise gebracht hat. Ich habe bei dieser Tour tatsächlich die Lust am
Reisen entdeckt, habe verstanden, was es heißt, seinen Horizont auf einer ganz anderen Ebene zu erweitern und dass es
jeden Cent wert ist, andere Länder kennenzulernen. Außer-

dem habe ich ein paar wichtige Erkenntnisse in Bezug aufs Brot gewonnen. Ein ganz grundlegender Unterschied zwischen Deutschland und den USA ist beispielsweise, dass Roggen in den USA gar nicht so verbreitet ist. Roggen wird kaum angebaut und gehört auch nicht zur dortigen Brotkultur. Wir Deutschen stehen dagegen auf kräftiges, roggenhaltiges Brot, und unsere Brotkultur gehört mit rund 3 200 Brotsorten inzwischen sogar zum immateriellen UNESCO-Weltkulturerbe. Das halte ich, ehrlich gesagt, für total übertrieben. Du kannst dem Kind ja immer einen neuen Namen geben, aber von den Mehlmischungen her gesehen, gib es vielleicht zehn verschiedene Brotsorten: Weizen-, Roggen-, Dinkel-, verschiedene Mischbrote und Vollkornbrote. Das war's dann aber eigentlich auch schon. Denn welche Brotsorte es eigentlich ist, entscheidet nur die prozentuale Zusammensetzung der Zutaten. Und dann kommen wir noch in den Fantasiebereich, wo die Brote ganz spezielle Namen erhalten, die etwas im Kopf des Kunden bewirken sollen. Marketing eben, genau wie unsere 3 200 Sorten. Klingt wie so oft nach viel, ist es aber eigentlich nicht. Dann gibt es noch die Backmittelindustrie, die neben den kleinen Helfern auch noch das Komplettpaket im Angebot hat. Ich bin mir nicht sicher, ob diese industriellen Backwaren auch von der UNESCO mitgezählt werden, aber ein schönes Beispiel für solche Brotschöpfungen aus dem Marketing war das »König Ludwig Brot«, das früher in jeder zweiten Bäckerei zu finden war. Das war nichts anderes als eine rustikale Backmischung, die den Bäckern von den Außendienstlern der großen Backmittelhersteller angeboten wurde, die jedes Quartal einmal vorbeikommen und ihr Programm und ihre Neuheiten vorstellen. Und wenn du dann zehn Säcke »König Ludwig Brot« bestellt hast, gab es noch drei Brotkörbe, ein paar Plakate und einen Satz schöne Tüten dazu. Genauso hat das auch mit »Bernd das Brot« oder dem »Mausbrot« funktioniert. Mit Handwerk hat das nichts zu tun. Es sind Marketing- und Fertigprodukte, die, egal in welcher Bäckerei sie angeboten werden, alle gleich schmecken. So verliert das Brot seine oft auch regionale Identität, der Bäcker verliert seinen eigenen Charakter, und der Geschmack wird industriell genormt. Dafür braucht man kein handwerkliches Können.

All diese Backmittel- oder Convenience-Produkte werden von einer Handvoll großer Backmittelhersteller produziert, von denen wir Bäcker alles bekommen können: vom Brötchenbackmittel, das deinen Brötchen ein größeres Volumen schenkt, bis hin zu fertigen Mischungen, die nur noch Wasser und etwas Hefe brauchen. Damit wir uns nicht falsch verstehen: Ich will hier nicht unsere Brotkultur schlechtmachen und bin auch froh darüber, dass wir, im Vergleich mit einem Land wie den USA, eine viel größere Vielfalt haben. Aber bei 3200 Brotsorten würde ich den Ball doch deutlich flacher halten, denn da ist einfach sehr viel Marketing im Spiel.

In den USA und in Kanada ist der Weizen das dominierende Getreide, weshalb sie dort auch stärker den Weizensauerteig nutzen. Der Weizensauerteig hat ein anderes Aromaprofil, und auch der Charakter des Brotes unterscheidet sich. In San Francisco werben sie zum Beispiel mit ihrem ganz besonderen San-

Francisco-Sauerteig, obwohl klar sein sollte, dass der ganz sicher nicht aus Washington kommt. Aber die Bäcker dort behaupten, dass die ganz besondere Luft an der Küste von San Francisco auch ihren Sauerteig zu etwas ganz Besonderem macht. Soweit ich das beurteilen kann, war das ein ganz normaler Weizensauerteig. Aber ich finde diese Art von Marketing für ihre Stadt sehr sympathisch, und der Rest ist – American Way of Life.

Ich habe damals in Nordamerika zwar nicht die große Brot- und Backkunst kennengelernt, aber die Leichtigkeit und Lebenslust, die ich in Kanada noch mehr als in den USA gespürt habe, hat mich wirklich extrem inspiriert. Es gibt in diesen beiden Ländern einige größere Bäckereiketten und die Supermärkte, die das meiste abdecken. Doch es gibt auch einige kleine, spezialisierte Bäckereien, wenn auch nicht so viele wie in Deutschland. Auch sind in diesen Ländern die Hygieneregeln etwas lockerer, die uns hier das Leben manchmal wirklich schwer machen. Hier in Deutschland ist es beispielsweise schon seit Jahren ein großes Thema, dass das Veterinäramt in den Bäckereien und Backstuben kein Holz mehr haben möchte. Keine Körbchen und auch keine Holztische mehr, weil sich in einem kleinen Riss oder einer Kerbe im Holz möglicherweise Bakterien bilden und wir dann alle sterben können. Hier bei uns wären diese Läden mit Sicherheit bei der Gewerbeaufsicht durchgefallen. Nicht wegen der Hygiene, sondern schon wegen der fließenden Übergänge und der offen gestalteten Räume. Da ist man auf der anderen Seite des Atlantiks doch deutlich entspannter unterwegs. Von der Backstube bis in den Verkauf habe ich dort Bäckereien gesehen, die einen ganz anderen Charme und eine faszinierende Lässigkeit ausstrahlten, eine andere Art von Freude, die die Leute dort bei der Arbeit hatten. Ich fand das einfach klasse und habe mir angeschaut, wie die Bäcker dort ihr Geschäft betreiben. Es waren Läden wie *Nelson the Seagull, The Mill, Tartine* oder *Jane on Larkin* die anders waren. Irgendwie cooler, individueller, weniger DIN-Norm, mehr persönliche Atmosphäre. Es kam mir so vor, als wären Verkäufer und Kunden eben auch Freunde. Hier hat man sich mit einem Lächeln begrüßt und sich gefragt, wie es geht. Es schwebte hier eine herzliche Lässigkeit mit. Bei *The Mill* hat ein Kunde zwei Baguettes gekauft als ich dort war. Eines hat er unter dem Arm und das andere hat sein Hund im Maul getragen. Lässig eben.

Wenn ich heute mit Kollegen spreche, die darüber nachdenken, sich selbstständig zu machen, empfehle ich ihnen immer, sich beim Ladenbau und auch in der Ausrichtung nicht an den deutschen Bäckereien zu orientieren, denn das ist meistens eine Vollkatastrophe. Im Ladenbau zum Beispiel verhält es sich ganz ähnlich wie bei den Backmittelherstellern: Es gibt ein paar große Unternehmen, die den Markt dominieren und wenig individuell sind. Für mein Gefühl wird hierzulande viel zu viel Geld in den Ladenbau investiert, Geld, das die Bäckereien sinnvoller für eine höhere Produktqualität, für bessere Rohstoffe und Prozesse ausgeben sollten, zumal man für die viele Kohle von den Ladenbauern wie von den Marketingagenturen oft nur identitätslosen Einheitsbrei erhält. Alle erzählen und produzieren das Gleiche.

In Vancouver und San Francisco habe ich damals jedenfalls diesen besonderen Spirit aufgenommen, der später auf die ein oder andere Weise auch in die Überlegungen zu meinem eigenen Laden eingeflossen ist. Nicht nur ästhetisch. Ich hatte damals das Gefühl, diese Läden dort sind kleine, persönliche Statements, so nach dem Motto: »Das ist mein Laden. Und mein Laden lebt, weil ich hier genau mein Ding mache.« Damit konnte ich mich sofort identifizieren, und ich empfinde das heute auch noch genauso. Ich habe auch bis heute meine San-Francisco-Playlist, um diesen Charme zuweilen musikalisch in meiner Backstube zu verbreiten. Das ist – als kleiner Fun Fact – für mich eines der coolsten Dinge an der Selbstständigkeit – du kannst entscheiden, welche Musik in der Backstube läuft.

Ich hatte auch schon einen Bäcker in der Backstube, Christoph, der gefühlt mehr getanzt als gebacken und immer für gute Stimmung gesorgt hat. An diesen Stellen merke ich dann an mir selbst, dass mir der amerikanische Lifestyle zwar gefällt, ich das für mich selbst aber nicht unbedingt hinkriege. Sonja, meine Lebensgefährtin, sagt oft: »Du bist so was von deutsch, das gibt es gar nicht.« Sie lebt eigentlich im falschen Land, weil sie die Dinge und Regeln meistens sehr viel lockerer sieht. Costa Rica ist da eher so ihr Maßstab: Pura Vida. Ich bin eher derjenige der – typisch deutsch – gerne mal sagt: »Aber das geht doch nicht, das muss doch seine Ordnung haben.« Judith zum Beispiel, die vorne den Verkauf organisiert und leitet, unterhält sich unheimlich gerne mit den Kunden. So bringt sie eine besondere Art der Entschleunigung ins System, was ich sehr begrüße. Mein erster Gedanke aber, wenn ich sie dabei sehe, ist oft: Ist das Fenster schön voll, passt die Präsentation, und hat auch sonst alles seine Ordnung? Das steckt nun mal in mir drin. Aber ich glaube, genau diese Mischung bei uns, dass bei mir auch Menschen mit einer anderen Haltung arbeiten und schon gearbeitet haben, ihre Persönlichkeit mit einbringen, ist ein wesentlicher Grund, warum ich sagen kann: Auch nach fast sechs Jahren sind wir ein richtig cooler Laden, und es gibt in unserer Branche auch keinen besseren Laden, der Brot in seiner Komplexität so gut versteht. Ja, das klingt jetzt vielleicht ziemlich arrogant. Aber ich meine es anders. Mit unserem Brot und unserem Team haben wir uns ein gutes Standing erarbeitet und eine schöne Strahlkraft. Eine Identität, die zu unserem Produkt passt. Auf der Fensterscheibe steht »Max Kugel« drauf, und drinnen steht Max Kugel mit allen, die hier zusammenarbeiten. Das in etwa meine ich mit dem »Spirit«, der mich auf meiner ersten großen Reise so beeindruckt hat. Mich hat das damals extrem gepackt und fasziniert, und ich habe diese *Good Vibrations* im Flieger mit zurückgenommen.

Zurück in Deutschland habe ich die letzten Wochen des Jahres 2012 in Lahnstein gearbeitet, kleines Warmlaufen für die Meisterschule in Olpe, die ich dann im ersten Halbjahr 2013 besucht habe. Den Kurs hat die Bäckerei gezahlt, und für die knapp 10 000 Euro habe ich mich eben ein paar Jahre gebunden. Eigentlich ein guter Deal für mich. Wenn ich den Betrieb übernehmen würde, wäre ich ja sowieso für immer in Lahnstein gebunden gewesen. In der Schule wurde ich aus meinen

Spirit-Träumen erst mal wieder herausgerissen und zurück auf den Boden der Tatsachen geholt, weil die Aspekte, die mich auf meiner Reise inspiriert hatten, auf der Meisterschule keine Rolle spielen. In deinem Meisterkurs bist du an fünf Tagen die Woche wie im Internat beim Unterricht, und das Wochenende hast du frei. Theoretisch. Da man aber auf der Meisterschule kein Geld verdient, habe ich fast jedes Wochenende zu Hause gearbeitet, um flüssig zu bleiben. Der Unterricht auf der Meisterschule, die dich ja nicht nur dazu befähigen soll, eine Bäckerei zu eröffnen, sondern auch neuen Nachwuchs auszubilden, gliedert sich grob in zwei Schwerpunktbereiche: Zum einen sollen hier die handwerklichen Kenntnisse und Fertigkeiten vertieft und überprüft werden, und zum anderen geht es um die Vermittlung betriebswirtschaftlicher Kenntnisse, die natürlich wichtig sind, weil du davon als Lehrling oder Geselle in der Backstube, je nachdem wie kommunikativ dein Chef ist, gar nicht viel mitbekommst.

Mit dem Ende der Meisterschule wurde es dann langsam ernst mit meinem Einstieg in unseren Familienbetrieb. Die ersten Etappen auf meiner *Road to Bakery* hatten in mir aber schon leise Zweifel gesät, ob das wirklich eine gute Idee sei. Ich hatte mich handwerklich und menschlich weiterentwickelt, meine eigenen Vorstellungen vom Handwerk und vom Backen konkretisierten sich langsam, und 24/7 zu arbeiten, stand auch nicht mehr ganz oben auf der Liste. Und an diesem Punkt war ich mir nicht sicher, wie meine langsam klarer werdende Idee von Qualität, Handwerk und meinem Leben mit der Struktur unseres Familienvertriebs zusammenfinden könnte. Ich fühlte mich meiner Familie aber auch verpflichtet und wollte dem Projekt eine faire Chance geben.

Manchmal muss man aus dem Auto aussteigen, wenn man weiß, es ist an der Zeit zu gehen

Zwischen dem Abschluss der Meisterschule und meinem Einstieg in unseren Familienbetrieb im November 2013, blieb mir noch etwas Zeit, die ich nutzen wollte, um mein Wissen im Umgang mit einigen Spezialitäten zu vertiefen, wie beispielsweise Brezeln oder schwäbische Seelen. Diese Brotstangen, die aus Dinkel- oder Weizenmehl gebacken und mit Salz und Kümmel bestreut werden, wurden im Ländle ursprünglich zu Allerseelen zubereitet und haben so ihren Namen erhalten. Deshalb habe ich unter anderem auch für drei Wochen bei der Bäckerei Wandinger in Leutkirch im Allgäu vorbeigeschaut. Franz, der Chef, der die Bäckerei zusammen mit seiner Frau Conny betreibt, ist der beste Freund meines Vaters. Gemeinsam mit meinem Onkel Rolf, der mir seinerzeit das Vorstellungsgespräch in Baden-Baden ermöglicht hatte, haben sie in Stuttgart ihre Ausbildung zum Konditor absolviert und waren damals ein echtes Dreiergespann. Bis heute führt Franz seine Bäckerei als Ein-Laden-Betrieb, hinten mit drei Bäckern die Backstube und vorne der Verkauf.

Franz und mein Vater gehören zur gleichen Generation, und für mich war es sehr interessant, die unterschiedlichen Arbeits- und Lebensmodelle der beiden zu vergleichen. Franz ist ein echter Gefühlsbäcker und auch ein Gefühlsmensch. Seine Backstube ist ganz spartanisch eingerichtet. Keine modernen Maschinen, nur das Nötigste an Gegenständen zum Arbeiten und mit einem uralten Ofen, der schon lange keinen Schwaden mehr abgeben kann. Das sind kleine Wasserdampfstöße, die ein voll funktionstüchtiger Ofen abgeben kann, damit die Teigoberfläche schön elastisch bleibt, das Gebäck besser aufgeht und eine lockerere Krume bekommt. Außerdem erhält die Brotkruste so beim Backen einen schönen Glanz. Das macht Franz mit einer alten Wasserspritze. Was aber, unter uns gesagt, nicht annähernd denselben Effekt hat und ein bisschen so funktioniert, wie wenn man zu Hause im Ofen ein Schüsselchen mit Wasser hineinstellt. Hinter der Backstube schließt sich ein verwinkelter, von Mauern umgebener Innenhof an, in den fast keine Sonne einfällt. Hier hatte sich Franz mal einen kleinen Schuppen gebaut, in den er seine Brezeln zum Abhauten stellt, das heißt, sie stehen an der kühlen Luft, bis die Teighaut so fest geworden und stabil genug ist, dass die Brezeln anschließend in die wässrige Natronlauge eintaucht werden können und schließlich der Bauch der Brezel eingeschnitten wird. Aber keine Sorge: Während des Backprozesses verliert die Brezellauge ihre leicht ätzende Wirkung, und die Brezeln erhalten ihre leckere Oberfläche und bräunliche Farbe. Franz war schon immer ein Vollblutbäcker, aber er und seine Frau haben darüber das Leben nicht vergessen. In seiner Freizeit bläst er mit seinen Söhnen Alphorn, die beide keine Lust hatten, Bäcker zu werden und einen anderen Weg gegangen sind. Die Wandingers sind sehr herzliche Menschen und haben für sich eine gute Balance gefunden. Arbeit ist für sie nicht alles, und deshalb bleibt in Leutkirch der Laden am Sonntag auch geschlossen. Dabei macht ein Bäcker gerade am Sonntag in vier Stunden den Umsatz, für den er an den Wochentagen acht Stunden braucht. Und trotzdem haben die Wandingers darauf verzichtet, weil ihnen das Krafttanken und die Zeit für die Familie wichtiger sind. Einen Ruhetag einlegen oder ein paar Tage Betriebsferien machen, kannst du natürlich viel besser, wenn du nur einen Laden hast. Schon mit drei Läden wie bei uns zu Hause kannst du so radikal gar nicht mehr denken. Wenn du auf so einem Wachstumskurs unterwegs bist, erreichst du irgendwann einen Punkt an Größe, der dir die Entscheidungsfreiheit nimmt.

Die Zeit bei den Wandingers hat mir die Augen tatsächlich noch mal etwas weiter geöffnet. So wie bei uns daheim, sieben Tage die Woche, ohne Pause, von morgens bis abends zu arbeiten – das würde nicht meine Zukunft sein. Wenn ich an meine Eltern denke, sehe ich immer ihre müden Augen. Die sind am Abend oft schon vor der Glotze eingeschlafen und waren auch körperlich ziemlich ausgebrannt. Franz und Conny, die ja auch viel gearbeitet haben, die sahen dagegen immer so frisch aus im Gesicht, sicher auch weil sie sich diese Auszeiten eingerichtet haben. So etwas kannte die Familie Kugel nicht. Ich weiß noch, wie es war, als mein Vater während meiner Zeit in Lahnstein Geburtstag hatte. Da sagte ich zu ihm: »Papa, mach doch an deinem Geburtstag mal einen Tag frei, das kriegen wir wirklich auch ohne dich hin. Mach dir einfach mal einen schönen Geburtstag.« Er wollte das kurz abwimmeln und meinte, »ach, das ist doch wirklich nicht nötig«. »Doch, doch«, insistierte ich, »gönn dir mal einen freien Tag, und mach genau das, was du am allerliebsten machen würdest.« Da antwortete er mit einem breiten Lachen im Gesicht: »Na gut, dann komm ich in die Backstube.« Das ist mein Vater. Wenn ich seine Lebensarbeitszeit hochrechne, dann müsste er eigentlich schon zweimal gestorben sein, weil man sich fragt, wie ein Körper diese Belastung über Jahrzehnte aushält. Papa aber empfindet in der Backstube pure Freude. Natürlich ist das anstrengend, und es kostet viel Kraft, aber wenn du bei der Arbeit diese innere Freude spürst, dann ist das eine Art guter Stress. Ich bin ihm da nicht unähnlich und kann mich auch in meiner Backstube verlieren. Allerdings habe ich heute andere Arbeitszeiten, und das Krafttanken, die freie Zeit für anderes, habe ich von Anfang in meiner Betriebsplanung berücksichtigt. Ich habe außerdem wirklich großes Glück, mit Sonja eine Lebenspartnerin an meiner Seite zu haben, die es versteht, mich auf den Boden zu holen, mir den Rücken freizuhalten und sich all das anzuhören, was mich so beschäftigt. Das ist wahnsinnig wichtig und wertvoll. Danke dafür und für so viel mehr! Ich bin auch Franz und Conny für die Wochen bei ihnen dankbar, weil ich hier sehr authentisch erleben konnte, wie man mit Freude bei der Arbeit ist, auch mit nur einem Laden seine Familie ernähren kann und gerade deshalb noch Zeit für andere Dinge findet. Danach ging es noch zu Thomas Büchle nach Spaichingen und zu Jürgen Fink nach Steinau an der Straße. Beides auch kleine Betriebe mit einer tollen Qualität und Herzlichkeit. Papa hatte mir diese Stationen vermittelt, sie kannten sich alle aus den Erfa-Kreisen, den Erfahrungskreisen der Bäckerbranche. Ich hatte großes Glück, diese Menschen und ihre Betrieben kennenlernen zu dürfen.

Mein Vater hatte mir ja schon signalisiert, dass es für mich nun langsam an der Zeit sei, nach Hause zu kommen. Er wollte etwas kürzertreten, und mit meinem Einstieg in die Bäckerei Ende 2013 sollte der Generationswechsel vorbereitet werden, der in Familienbetrieben immer ein komplexes und schwieriges Thema ist. Ich habe erst viel später einmal nachgelesen, was die häufigsten Fehler sind, die in diesem Übergabeprozess gemacht werden: An erster Stelle steht hier die oft mangelnde Kommunikation. Das Familienoberhaupt hat vielleicht schon konkrete Pläne im Kopf, aber die anstehende Nachfolge wird mit den Kindern nicht offen und frühzeitig besprochen. Auch die Wünsche der Söhne oder Töchter, also die Frage, wie sie sich ihre Zukunft eigentlich selbst vorstellen, wird häufig gar nicht wahrgenommen. Der zweite große Fehler liegt in der Vermischung von privaten und geschäftlichen Rollen, was in Familienunternehmen oft zu Konflikten führt, weil dein Vater auch gleichzeitig dein Chef ist. Dann wird häufig auch unbewusst von beiden Seiten auf den nicht klar getrennten Ebenen gesprochen und agiert. Damit zusammen hängt ein dritter Fehler, weil in dieser Gemengelage dem Nachfolger nicht genug Raum oder kein Rahmen gegeben wird, um als zukünftiger Chef heranzuwachsen, also eigene Entscheidungen zu treffen und auch eigene Fehler zu machen, um Erfahrungen zu sammeln, die für die spätere Unternehmensübernahme von Nutzen sein können. Wenn das so stimmt, dann haben wir Kugels keinen dieser Fehler ausgelassen.

Obwohl mein Vater immer gesagt hat, dass wir beruflich das tun müssen und können, was uns Spaß macht, hatte er, glaube ich, einen großen Wunsch. Er hatte vier Kinder, die alle eine Ausbildung im Bäckerhandwerk absolviert hatten. Meine beiden Schwestern hatten eine Ausbildung zur Bäckereifachverkäuferin absolviert, und mein Bruder und ich waren inzwischen Bäcker und Konditoren. Aus der Perspektive meines Vaters bestand also die Möglichkeit, dass alle vier gemeinsam den elterlichen Betrieb übernehmen und weiterführen könnten. Ein schöner Traum. Zumindest für meinen Vater. Ich habe mich damals oft gefragt, wie gut und genau er eigentlich seine Kinder kennt und wie sicher er sich sein konnte, dass auch wir alle Teil seines Traumes werden wollten. Er war es gewohnt, Entscheidungen alleine zu treffen, und wenn wir als Familie gesprochen haben, war es doch häufig eher so, dass wir über seine Pläne und Ideen informiert wurden und unsere ehrliche Meinung nicht wirklich gefragt war. Tatsächlich glaube ich, dass er es mit seiner Art zu kommunizieren nicht geschafft hat, uns alle hinter seiner Wunschvorstellung zu versammeln.

Als Erste brachte meine ältere Schwester Marion seinen großen Traum zum Platzen. Sie sah den Rest ihres Lebens nicht im Verkaufsraum einer Bäckerei und hat für sich einen anderen Weg eingeschlagen. Meine jüngere Schwester Andrea verliebte sich in einen Winzer, und weil der seinen Weinberg schlecht nach Lahnstein verlegen konnte, folgte sie ihrem Herzen und verließ ebenfalls unseren Familienbetrieb. Blieben also noch mein Bruder Klaus und ich, um unsere Bäckerei in die vierte Generation zu führen. Während ich noch in den kleinen Bäckereien von Franz, Thommy und Jürgen unterwegs war, versammelte mein Vater alle Bäcker in der Backstube und verkündete, dass ich bald nach Hause kommen würde. Da war ich gerade mal 23, hatte inzwischen zwar schon einiges erlebt, aber im Grunde nicht wirklich eine Ahnung, was diese Rückkehr alles bedeuten würde. Ehrlich gesagt, bin ich damals auch eher nach Hause gekommen, weil es so abgemacht war, und nicht, weil ich es für mich gewollt oder gefühlt habe. Ich wäre viel lieber noch etwas länger auf Wanderschaft gegangen, weil ich bei der Arbeit in unterschiedlichen Backstuben und mit ganz verschiedenen Menschen viele wertvolle Erfahrungen gesammelt hatte. Aber ich habe damals denselben Fehler gemacht, den ich heute bei anderen jungen Menschen in ähnlicher Situation beobachte: Viele Unternehmerkinder hören nicht auf das, was sie wollen, sondern fühlen sich ihren Eltern gegenüber verpflichtet, wenn es darum geht, den Familienbetrieb zu übernehmen. Das erlebe ich heute in meiner eigenen Bäckerei auch immer wieder. Da gehen die jungen Bäckerinnen oder Bäcker mit mal gerade Mitte 20 wieder zurück nach Hause und werden dort wahrscheinlich auch nie wieder rauskommen. Doch diese Zeit, eigene Erfahrungen zu sammeln und zu spüren, wie sich so ein selbstbestimmtes Leben anfühlt, halte ich für extrem wichtig, bevor man sich für den Rest seiner Tage dem elterlichen Betrieb verschreibt. Ich versuche, meine Leute immer zu motivieren, nicht zu früh nach Hause zurückzukehren.. »Jetzt ist die Zeit, um eure handwerklichen Fähigkeiten, aber auch eure Persönlichkeit weiterzuentwickeln. Diese Zeit wird euch später keiner mehr geben!« Sie können und sollen, wenn es ihr eigener Wunsch ist, ja gerne den elterlichen Betrieb übernehmen, aber je selbstbewusster sie nach Hause zurückkehren, desto bessere Bäcker werden sie sein. Insofern möchte ich an dieser Stelle auch an alle Unternehmereltern appellieren: Gebt euren Kindern diese Zeit, zu reifen, das kann für sie und für euer Unternehmen nur von Vorteil sein. Bin ich meinen Leuten böse, wenn sie meinen Rat nicht befolgen? Nein, denn ich habe es damals auch nicht getan, als mein Bonner Chef Herr Krüger mir genau das erzählt hat. Auch ich habe mich meinen Eltern verpflichtet gefühlt, was ja auch richtig und in gewissen Situationen selbstverständlich ist, nur sollte es nicht zur Selbstaufgabe führen.

Klaus und mein Vater waren meist der gleichen Meinung, was den Betrieb und die Auffassung vom Backen betraf. Im Zweifel folgte Klaus den Vorstellungen meines Vaters und blieb auf seiner Linie, um großen Diskussionen aus dem Weg zu gehen. Ich dagegen war anders. Ich hatte inzwischen meine eigene Idee vom Handwerk und vom Backen entwickelt, und tief in meinem Inneren wusste ich schon, dass das nicht funktionieren kann, weil Papa, Klaus und ich einfach zu unterschiedlich sind. Fassen wir also noch einmal zusammen: Eigentlich war ich noch nicht bereit, nach Hause zu kommen, ich hatte zwischenzeitlich eine ganz eigene Philosophie vom Backen entwickelt und wusste im Grunde, dass das früher oder später schiefgehen würde. Aber es gar nicht miteinander zu versuchen, hätte ich mir auf der anderen Seite auch nicht verzeihen können. Denn was gibt es Schöneres, als gemeinsam als Familie etwas zu schaffen, ja, zu erschaffen, und das eigene Unternehmen erfolgreich zu gestalten? Ich suchte nach einer Lösung und schlug den beiden vor, dass ich die Leitung der Backstube übernehme und mein Bruder sich mit meinem Vater um alles Geschäftliche kümmert. Ich wollte als ganz normaler Angestellter in unserem Betrieb arbeiten, ohne Beteiligung an Gewinnen, aber eben auch nicht an Verlusten. Papa und Klaus nahmen den Vorschlag an, und ich glaube, diese Idee hat ihnen auch ganz gut gefallen. Jedenfalls hat keiner von beiden versucht, mich zu überzeugen, doch als Teilhaber mit einzusteigen. Vielleicht haben sie mich trotz Meisterprüfung als Jüngsten noch nicht ganz für voll genommen und ahnten wohl auch, dass es mit meinen Vorstellungen vom Backen Gegenwind gegeben hätte, wenn ich als gleichberechtigter Partner eingestiegen wäre. Jedenfalls stimmten sie zu, und ich trat im November 2013 meine Stelle an.

Mein Vater hatte noch sehr konkrete Pläne, die er in die Tat umsetzen wollte. Er wollte die neue Produktion bauen, sich dann aber aus dem Betrieb zurückziehen, auch weil er sich nicht mehr mit der neuen Technik auseinandersetzen wollte. Unsere alte Backstube in Lahnstein lag im Hochwassergebiet, und jedes Jahr wussten wir nicht, ob das Wasser wieder käme. Es war zudem ein altes Gebäude, und uns allen war klar, dass es so keine zehn Jahre mehr weitergehen konnte. Mit der neuen Produktion wollte Papa die Grundlage dafür schaffen, unsere Bäckerei auch in den nächsten 30 Jahren noch erfolgreich weiter betreiben zu können. Bis hierhin konnte ich die Pläne meines Vaters durchaus nachvollziehen, denn was gibt es wohl Wünschenswerteres für einen Vater, als seinen Söhnen irgendwann sagen zu können, »so ihr Lieben, das Feld ist bestellt, jetzt könnt ihr hier ackern und hoffentlich eine gute Ernte einfahren«?

Mit meinem ersten Tag in der Backstube zog sich mein Vater dann tatsächlich zurück, und für mich begann eine arbeitsreiche und stressige Zeit – morgens als Erster am Start und mittags

Mein Vater und ich in unserer Backstube in Lahnstein. Er hat in mir die Leidenschaft fürs Backen geweckt und den unbedingten Willen zu handwerklicher Qualität. Dafür werde ich ihm ewig dankbar sein.

der Letzte, der die Backstube verlässt. 250 Arbeitsstunden im Monat waren für mich in dieser Zeit keine Seltenheit. Ich kannte zwar unseren Betrieb und wusste, was auf mich zukommt, aber wenn du plötzlich die Verantwortung für die gesamte Produktion trägst, sieht die Sache doch etwas anders aus. Gerade die Personalführung ist ein Thema, das du nicht in der Schule lernst, sondern nur durch Erfahrung, und das braucht eben seine Zeit, gerade, wenn das Team über viele Jahre einen anderen Führungsstil gewohnt war. Aber auch als sich die Routinen für mich und das Team so langsam eingespielt hatten, wurde die Arbeit nicht weniger. Ich habe in den zwei Jahren in Lahnstein zwölf Stunden täglich gearbeitet und musste mich noch nicht mal ums Büro oder um die Organisation kümmern. Die Arbeit in der Backstube konnten wir in acht Stunden gar nicht schaffen. Feierabend war erst dann, wenn das letzte Produkt, das auf dem Backzettel stand, abgearbeitet war. Nicht selten habe ich meine Leute auch früher heimgeschickt und die Backstube alleine sauber gemacht. Wir hatten damals eine hohe Fluktuation, da Überstunden beispielsweise nicht ausgeglichen wurden. Oft kam ich morgens zur Arbeit und hoffte, dass mir nicht der Nächste die Kündigung überreicht.

Als wir dann bei unseren Bäckern tatsächlich einen personellen Engpass hatten, bat ich meinen Vater, in die Bäckerei zurückzukommen und die Ofenführung zu übernehmen. Wir haben in dieser Zeit als Team wirklich gut funktioniert, und das war auch überhaupt nicht mein Problem in der Zusammenarbeit mit meinem Vater. Schwieriger wurde es, wenn ich eigene Ideen und Vorschläge entwickelte, wie wir unser Sortiment oder die Backprozesse verändern könnten, um bei dem ein oder anderen Produkt auf den Einsatz von Backhilfsmitteln verzichten zu können. Das Feedback von Papa und Klaus darauf war eigentlich immer ähnlich: »Ohne dieses Backmittel bekommen wir das Produkt nicht so hin, wie der Kunde es gewohnt ist, das können wir nicht ändern.« Für die beiden musste ein Produkt nämlich ohne Backhilfsmittel mindestens genauso gut sein wie mit diesen Zusatzstoffen. Wenn das für sie nicht gewährleistet war, winkten sie ab. Vielleicht hätte das Produkt einen leicht veränderten Charakter bekommen, ja. Aber gleichzeitig auch eine Substanz, die ehrlich und rein ist. Natürlich konnte man bei einigen unserer Produkte auf diese Backmittel, wie technische Enzyme, die die Gärzeit beschleunigen, nicht verzichten, dafür waren die Mengen, die wir produzieren mussten, einfach zu groß. Mein starkes Gefühl war aber auch, dass die beiden bei einigen Produkten auch nichts anders machen wollten, denn für Papa und Klaus war ja alles in Ordnung, und sie sahen keinen Grund, irgendetwas zu verändern. Mir blieb nichts anderes übrig, als ihre Meinung zu akzeptieren, schließlich hatte ich ja vorgeschlagen, nur als Angestellter im eigenen Familienbetrieb zu arbeiten und nicht als gleichberechtigter Partner einzusteigen, was mir vielleicht mehr Raum für Veränderungen gegeben hätte. Für mich selbst aber zeichnete sich immer klarer ab, dass sowohl das Arbeitspensum als auch die Art zu backen nicht meine Lebensperspektive war, auch weil ich hier keine große Möglichkeit sah, das Bestehende zu verändern und neue Ideen einzubringen.

Ich hatte in einigen Bäckereien, in denen ich bisher gearbeitet hatte, immer diese Diskrepanz zwischen dem erlebt, was den Kunden im Verkauf über die leckeren Backwaren erzählt wurde und der Wahrheit in der Backstube. Das bereitete mir auch jetzt daheim zusehends Bauchschmerzen. Kugel in Lahnstein war ohne Frage eine der besten Bäckereien im Umkreis, und im Vergleich zu allen anderen hatten wir viele Produkte, die handwerklich sehr gut gemacht waren. Ganz ehrlich waren wir meiner Meinung zu unseren Kunden aber oft trotzdem nicht. Auch bei uns gingen öfter mal Sätze über die Theke, die nicht der Wahrheit entsprachen. Wie beispielsweise die Behauptung, dass auch wir angeblich keine Backhilfsmittel verwenden. Aber das ist leider bis heute in den meisten Bäckereien so. Und noch viel schlimmer ist, dass die Verkäufer und Verkäuferinnen es selbst oft nicht besser wissen. Sie bekommen ja auch nur eine Info über ein Produkt und müssen diese dann glauben. Für mich ist das ein großes Problem, denn es ruiniert unser Handwerk. Ob es bei einer Fertigmischung für Mürbeteig anfängt oder bei Croissants, Donuts, Muffins oder Laugenecken endet – alles, wirklich alles kriegst du heute als Fertig- oder Halbfertigprodukt, gekühlt oder ungekühlt. Und je mehr Arbeitsschritte in diesem Convenience-Dreck schon vom Hersteller erledigt sind, desto weniger Zeit musst du für sie in der Backstube investieren. Dein eigener Anteil als Bäcker liegt dann vielleicht noch bei 20 Prozent, weil du nur noch den Teig zusammenknetest, aber gar kein handwerkliches Know-how mehr benötigst, um ein optisch perfektes Produkt hinzukriegen. Wenn ich meinen Blick heute auf unsere Branche richte, entwickeln sich mehr und mehr Bäckereien zu reinen Vertriebskanälen für die Convenience- und Tiefkühlindustrie, der Bäcker verkommt zu ihrem Handlanger und schaufelt nebenbei das Grab des traditionellen und ehrlichen Bäckerhandwerks immer tiefer aus.

Hier sage ich mir ganz ehrlich: Wenn du das Tag für Tag mitmachst und vielleicht noch einen Rest an Berufsehre in dir trägst, dann sollte nicht nur dein schlechtes Gewissen wachsen. Auch dein Kerbholz sollte wachsen, in das du für jeden Kunden, dem im Verkauf irgendein Unsinn über die großartigen Produkte erzählt wird, einen Strich mehr hineinritzen müsstest. Auch gibst du jeden Tag an der Ladentür ein Stück mehr von deinem eigentlichen Antrieb ab, von deiner Idee, was einen guten Handwerksbäcker ausmacht. Und mit jedem Tag geht mehr von deinem eigenen Wissen und deinen Fertigkeiten, die du dir über viele Jahre mühsam angeeignet hast, aber jetzt nicht mehr brauchst und die du auch deinen Auszubildenden gar nicht mehr vermitteln kannst, wenn der Anteil an vorgefertigter Industrieware in deiner Backstube ständig zunimmt. Das ist der Zustand, in dem sich meiner Meinung nach über 90 Prozent des Bäckerhandwerks heute befindet.

Sieht unsere Bäckerwelt tatsächlich so düster aus? Auf der einen Seite befürchte ich das Schlimmste, denn im Moment gibt es nur noch wenige kleine Bäckereien und noch weniger gute. Die Kleinen, die es aktuell noch gibt, werden möglicherweise auch noch wegsterben. Und zwar deshalb, weil es hier in vielen Betrieben einen großen Investitionsstau gibt, den sie nicht mehr aufholen können. Schon gar nicht, wenn die Umsätze durch schlecht oder zumindest nicht gut gemachte Backwaren langsam zurückgehen. Gute Qualität erfordert eben auch eine gut ausgestattete Backstube. In der Corona- und Energiekrise gab es beispielsweise viele Berichte über Bäckereien, die mit ihrem Laden am Ende waren. Die Gründe, die die Bäcker in den TV-Beiträgen nannten, standen für mich auf der einen Seite, auf der anderen Seite aber waren die Bilder von ihren Backstuben und Läden, die oft im Hintergrund zu sehen waren. Und die sprachen für sich. Mal ganz abgesehen von der Qualität der Backwaren, war diese Krise für manche sicher ein gefundenes Fressen, um dem schon vorher bestehenden Leidensdruck und der Schieflage des Betriebs ein Ende zu setzen. Jetzt hatten sie einen guten Grund gefunden, um die Schuld am Niedergang nicht bei sich selbst zu suchen. Die persönlichen Schicksale und deren Folgen tun mir durchaus leid. Aber hier urteile ich aus unternehmerischer Sicht, vor allem im Hinblick auf den Nachwuchs. Was mich an diesen Berichten ärgert, ist der Grundtenor in der Darstellung der Situation. Denn von den Bäckern, die hier zu Wort kamen, wurde signalisiert, dass sich Selbstständigkeit heutzutage und gerade auch in dieser durchaus schwierigen Situation nicht lohnt. Und das ist einfach nicht richtig. Qualität setzt sich durch, schon immer. Aber diese Bäcker hatten nun mal keine. Wo diese Entwicklung hinführt, kann jeder in seiner Stadt beobachten, wo die großen Kamps-&-Co-Ketten mit ihren wachsenden Filial- und Franchise-Netzen die besten Lauflagen besetzen und ihre Fastfood- und Industriebackwaren verkaufen. Aber es gibt auch Hoffnung. Als ich 2017 meine Brotbäckerei eröffnet habe, gab es außer mir noch Sebastian Däuwel, der als Quereinsteiger in Seyer mit seinen *Brotpuristen* sogar noch etwas früher am Start war. Sebastian ist über die Jahre ein guter Freund geworden, und verfolgt ein ähnliches Konzept mit einem Fokus auf guten Grundstoffen und hoher Produktqualität. Inzwischen sehe und spreche ich vor allem mit vielen jungen Menschen, die, vielleicht auch durch unseren Weg inspiriert, wieder das Handwerk in den Mittelpunkt stellen wollen und ähnlich ticken wie Sebastian und ich. Und vielleicht schaffen wir es ja, einen Gegentrend zu initiieren. Jedenfalls sehe ich das Potenzial, ganz ähnlich wie in Frankreich, auch hier in Deutschland wieder viele kleine Bäckereien in einer gewissen Dichte zu etablieren, die nicht das volle Programm anbieten, sondern sich auf eigene oder regionale Spezialitäten konzentrieren.

Zurück in unsere Backstube nach Lahnstein, wo die Pläne meines Vaters langsam konkrete Gestalt annahmen. Papa wollte nicht einfach unsere Backstube erneuern, sondern eine neue Produktion errichten, mit der wir die Backwaren für bis zu 20 oder noch mehr Filialen hätten produzieren können. »Ohne mich!«, dachte ich und versuchte meinen Vater davon zu überzeugen, von diesen großen Plänen abzulassen. Auch meinem Bruder und allen anderen riet ich, die Finger davon zu lassen und in solchen Dimensionen zu denken. Ich sah in diesem Expansionsweg weder die Zukunft für die Bäckerei Kugel noch für das Bäckerhandwerk im Allgemeinen. Aber ich hatte weder die Kraft noch die Macht, Papa zu überzeugen. Unsere Bäckerei in Lahnstein hatte eine Betriebsstruktur, die funktionierte, aber dieses System war exakt auf meinen Vater zugeschnitten. Er hatte da zwar auch eine Bürokraft, die ihm den Papierkram abnahm, aber alle Entscheidungen rund um das Unternehmen hat er alleine getroffen. Das alles einfach nur größer zu denken, zu bauen und zu hoffen, dass die eigenen Pläne aufgehen, war in meinen Augen leicht blauäugig. Ich selbst war nun schon gut ein Jahr wieder zurück und inzwischen schon an dem Punkt angekommen, an dem ich dachte, wenn ich in diesem Speed und mit diesem Pensum noch zwei weitere Jahre arbeite, dann bin ich durch: physisch und psychisch. Ich wusste, der ewige Kampf gegen Windmühlen, die festgefahrenen Strukturen und diese Art zu backen, wird sich zu Hause einfach nicht gewinnen lassen. Wenn sich aber dein Umfeld nicht verändert, dann musst du es eben tun. Und dann kam dieser Tag, im Frühjahr 2015, als ich mit Alex in den Urlaub fahren wollte.

Ich erinnere mich noch daran, als sei es gestern gewesen. Wir saßen schon startklar im Auto, als ich den Motor noch einmal abstellte. Von jetzt auf gleich überkam mich ein nie dagewesener Drang, die Last von meinen Schultern abzuwerfen. Ohne ein Wort zu Alex stieg ich aus dem Auto und ging noch einmal hoch ins Büro. Dort saß mein Vater am Schreibtisch, und ich eröffnete ihm mit Tränen in den Augen, dass ich unseren Familienbetrieb verlassen und meine Stelle als Backenstubenleiter am Ende des Jahres aufgeben werde, um wieder raus in die Welt zu gehen und irgendwann meine eigene Bäckerei zu gründen. Mein Vater hatte nicht damit gerechnet, blieb aber sehr gefasst und fragte mich ganz ruhig nach dem Warum.

Also erklärte ich ihm, dass die Art, wie wir backen, wie wir unser Unternehmen und unser Bäckerhandwerk leben, für mich nicht mehr in diese Zeit passt und ich mir nicht vorstellen kann, diesen Weg weiter mit ihnen zu gehen. »Okay«, sagte er dann, als ich mit der Beschreibung meiner Beweggründe zu Ende war, »wenn das deine Entscheidung ist, dann akzeptiere ich das. Jeder muss für sich wissen, was für ihn das Beste ist.« Ich habe nie erlebt, dass mein Vater versucht hat, einen Mitarbeiter zu halten, der kündigen wollte. Seine Haltung lautete an dieser Stelle eher: »Wenn einer mit seiner Kündigung zu mir kommt, dann hat er sich im Innersten doch schon entschieden, und wie soll ich dann von außen daran noch etwas ändern?« Da ist was dran.

Für mich war das natürlich ein extrem emotionaler Moment, und ich war von einer seltsamen Mischung aus Gefühlen ergriffen, die alle gleichzeitig auf mich einstürmten. Mir tat es ehrlich leid, und es machte mich traurig, meinem Vater mit meiner Entscheidung diesen Schlag zu versetzten. Er hat sich das zwar nicht anmerken lassen, aber natürlich hat es ihn auch getroffen, und er muss von mir enttäuscht gewesen sein. Ich hatte zwar kein schlechtes Gewissen, aber es fühlte sich auch in Richtung meines Bruders Klaus nicht sonderlich gut an, der nun der Letzte von uns Kindern war, um als Nachfolger meines Vaters den Familienbetrieb weiterzuführen. Ich hatte vorher ein paarmal mit Klaus gesprochen, um ihm zu sagen, dass wir beide doch eigentlich auf einer Seite stehen und eine Einheit bilden müssten, wenn es um die Zukunft unserer Bäckerei geht und wir etwas verändern wollten. Aber Klaus ist ein anderer Bäcker als ich und konnte sich vielleicht auch stärker mit den Plänen meines Vaters identifizieren.

Ich spürte auch Erleichterung, weil nun ausgesprochen war, was mich in den letzten Wochen häufiger um meinen Schlaf gebracht hatte. Mein Entschluss, noch einmal aus dem Auto zu springen, war nicht geplant und sehr spontan gewesen. Aber viele Wochen waren mir immer wieder die gleichen Gedanken durch den Kopf gegangen: Wann sage ich es Papa, wie sage ich es ihm, und wie wird die Familie darauf reagieren? Natürlich überkam mich zuweilen auch die Angst vor der eigenen Courage. Sollte ich das jetzt wirklich durchziehen? Ich hatte zwar, meine Lehrzeit mit eingerechnet, schon mehr als zehn Jahre Berufserfahrung vorzuweisen, aber mit mal eben 25 Jahren stand ich noch immer irgendwie am Anfang und war gerade dabei, mich in das größte Abenteuer meines Lebens zu stürzen.

Im Nachhinein war es sicher gut, dass ich das auf den letzten Drücker vor meinem Urlaub losgeworden war und beide Seiten ein paar Tage Zeit hatten, um dieses Thema erst mal etwas sacken zu lassen. Es war mir damals sehr wichtig, Papa und Klaus genügend Zeit zu geben, um einen Nachfolger für mich zu finden und diesen Übergang bestmöglich zu organisieren. Und selbstverständlich war ich auch bereit, bis zu meinem letzten Tag im Betrieb weiter Vollgas zu geben. Und das war dann tatsächlich auch gefordert, denn etwa zur gleichen Zeit wurden wir für die zweite Staffel von Johann Lafers Back-Show *Deutschlands bester Bäcker* gecastet. Wir waren auch für die erste Staffel schon einmal angefragt worden, hatten damals aber abgelehnt. Für die zweite Runde hatten uns aber sogar mehrere unserer Kunden beim ZDF vorgeschlagen. Was also blieb uns da anderes übrig, als zuzusagen?

Neben Johann Lafer gehörten Bäckermeister Peter Kapp, die Chef-Pâtissière Eveline Wild, Bäckermeister Jochen Baier sowie Konditormeisterin Andrea Schirmaier-Huber der Jury an. Diese hatte aus 1 500 Bewerbern 90 Bäckereien aus ganz Deutschland ausgewählt, die zunächst in regionalen Ausscheidungen gegeneinander antreten mussten. Wir qualifizierten uns über die Vorrunde für das Halbfinale und dann mit fünf weiteren Bäckereien tatsächlich auch für die Finalwoche in Berlin. Und die war ein echtes Brett. Außer uns hatten sich für das Finale die *Bäckerei Steinleitner* aus Straubing in Niederbayern qualifiziert, aus Denzlingen kam das Team der *Bäckerei Dick*, aus Lüneburg die *Bäckerei Hesse*, aus Ludwigsburg die *Bäckerei Remmele* und aus Stuttgart die *Bäckerei Königsbäck* – alles sehr solide Bäckereien und eine wirklich starke Konkurrenz. An vier Tagen hintereinander wurden uns immer neue Aufgaben gestellt, die von Brot über Snacks und kleine Leckereien bis hin zur Hochzeitstorte mit jedem Tag komplexer wurden und in einem knappen Zeitrahmen abgearbeitet werden mussten. Gebacken wurde in der Ausbildungsbackstube der Akademie des deutschen Bäckerhandwerk in Lankwitz, wo wir mit allen Teams gleichzeitig an der Arbeit waren. Die Juryentscheidung wurde dann in der Orangerie von Schloss Charlottenburg verkündet, und an jedem Tag musste ein Team die Segel streichen.

In den ersten Tagen herrschte in der Backstube ein unglaubliches Gewusel. Neben den Backteams waren ja auch die Kameraleute bei der Arbeit, und die Jury schaute ab und an bei jedem Team vorbei, um schon mal zu kosten oder kurze Fragen zu den Produkten zu stellen, an denen wir gerade werkelten. Bei allem Spaß, den so ein Wettbewerb macht, waren die Tage auch sehr anstrengend, weil du trotz des Rummels um dich herum voll konzentriert bei der Arbeit bleiben musst. Neben guten Rezepturen und handwerklichem Können zählt hier vor allem eine gute Planung, und bei allen Differenzen erwiesen sich Papa, Klaus und ich in diesem Wettkampfmodus als super eingespieltes Team. Ob bei der Auswahl der Rezepte und Zutaten, der Aufteilung der Aufgaben oder der Planung der einzelnen Arbeitsschritte – wir fanden immer sehr schnell einen guten Zugang zu den uns gestellten Aufgaben und haben uns Runde für Runde weiter in Richtung Finale gebacken.

Die Juryentscheidungen sind, glaube ich, in jeder Show ziemlich knapp ausgefallen, weil so ein Backwettbewerb eben auch eine Glücks- und im wahrsten Sinne des Wortes Geschmackssache ist. Vor dem dritten Finaltag saß ich am Abend noch mit Papa und Klaus zusammen. Wir sprachen über den Tag, und mir ging die Frage durch den Kopf, was wohl passieren würde, wenn wir tatsächlich diesen Titel gewännen. Insgeheim machte ich mir Sorgen, dass ein Sieg ganz sicher vor allem die expansiven Pläne meines Vaters nur weiter befeuern würde. Also fragte ich eher rhetorisch in die Runde, ob es nicht auch okay wäre, wenn wir morgen als Dritter nach Hause müssten. Papa und Klaus sahen das selbstverständlich ganz anders, und

Siegerfoto mit Johann Lafer im ZDF-Wettbewerb *Deutschlands
bester Bäcker*: Im Rückblick markiert dieser Sieg einen schönen
Schlusspunkt unserer gemeinsamen Zeit und einen letzten
Höhepunkt für unsere Familienbäckerei.

Aufgeben kam, ehrlich gesagt, auch für mich nicht infrage. Tja, einen Tag später und nach einem hochspannenden Finale haben wir dann tatsächlich diesen Titel abgeräumt und wurden von Johann Lafer und seiner Jury als »Deutschlands bester Bäcker 2015« ausgezeichnet. Zugegeben: Das war ein Fernsehshow-Format, und ob wir nun wirklich die besten Bäcker Deutschlands waren, lassen wir mal dahingestellt. Aber das war uns im Moment des Sieges auch völlig egal. Wir lagen uns mit feuchten Augen in den Armen, und da war eine schöne, tiefe Verbundenheit zwischen uns. Wir als Team Kugel, wir als Familie hatten diesen Sieg gemeinsam errungen.

Im Rückblick markiert dieser Sieg nicht nur einen schönen Schlusspunkt unserer gemeinsamen Zeit, sondern wohl auch einen letzten Höhepunkt für unsere Familienbäckerei. Bei meinem Abschied aus dem Betrieb betonte Klaus: »Dir stehen bei uns jederzeit alle Türen offen.« Ein wenig klang das in meinen Ohren wie »du wirst schon sehn, was du von deiner Entscheidung hast«, aber ganz sicher hatte er es auch als kleine Rückversicherung für mich gemeint, die er mir noch mit auf meinen Weg geben wollte.

Hinter mir lagen zwei arbeitsreiche Jahre und vor mir eine Zukunft, die ich gestalten und in Angriff nehmen wollte. Einige Grundparameter waren mir inzwischen klar geworden: Ich wollte eine kleine Bäckerei: im hinteren Teil Backstube und vorne Verkauf. Ich wollte kein Vollsortiment anbieten, sondern mich auf Brot konzentrieren. Und ich wollte dafür biologische Rohstoffe verwenden und auf künstliche Backhilfen verzichten. Gerade was den Umgang mit Biomehlen betrifft, fehlte mir aber noch etwas Erfahrung. Deshalb rief ich Volker Hansen auf Föhr an. Ich brachte ihn auf den neuesten Stand, erzählte von meinen Plänen und fragte ihn, ob er vielleicht oben im Norden eine gute Biobäckerei kennen würde, bei der ich noch einmal ein paar Wochen mitarbeiten könnte. Spontan konnte er mir nicht helfen, meinte aber, er würde sich mal umhören. Ich dachte schon, er hätte mich vergessen, als er mich nach fast drei Wochen zurückrief. »Ich habe zwar keine Bäckerei gefunden, die so arbeitet, wie du dir das vorstellst, aber ich habe ein wenig nachgedacht«, begann er zu erzählen. »Was hälst du davon, wenn du die nächsten drei Monate zu mir kommst, wir meinen Laden umstellen und alles an Backmitteln rauswerfen, was geht, und den Rest noch besser machen?« Für einen Moment war ich sprachlos. Ich hatte das ja noch nie gemacht und Volker klar gesagt, wo ich meine Defizite im Umgang mit dem Rohstoff noch sah. Aber Volker hatte offenbar große Lust, die Winterzeit dafür zu nutzen, und er hatte das Vertrauen, dass wir diesen Schritt zusammen schaffen würden. »Super«, dachte ich nur und machte mich im Januar 2016 wieder auf den Weg nach Föhr.

Wie gründet man eigentlich eine Bäckerei?

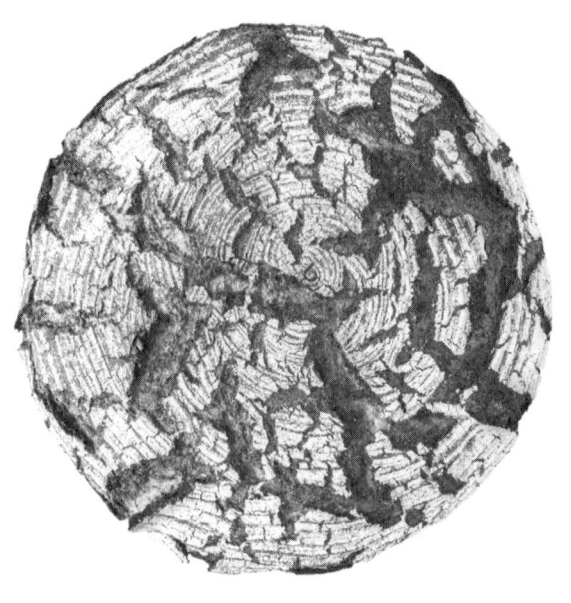

Es gibt diese Momente im Leben, in denen man auf besondere Weise spürt, dass man genau das Richtige macht. Momente, in denen es einem fast unmittelbar klar wird, dass der Lebensabschnitt, der gerade beginnt, oder das Projekt, das du gerade startest, unter einem guten Stern stehen, weil sich die Dinge plötzlich wundersam fügen. Ich hatte mit Volker ja schon während meiner ersten Zeit auf der Insel viel über das Thema gesprochen, und auch bei ihm hatten sich ja die ein oder anderen Backmittel in die Backstube geschlichen. Jetzt aber wollte er alles anders machen und das neue Konzept, das unter dem Namen »echter is das« laufen sollte, passte auch genau zu einem Typen wie Volker, zu seiner Bäckerei und dieser Insel, wo man sich viele Gedanken darüber macht, wie man den Tourismus möglichst naturverträglich und nachhaltig gestalten kann. Und dass er mir nun seine eigene Bäckerei als Versuchslabor zur Verfügung stellte, war sicher das Beste, was mir gerade passieren konnte. Aber ich hatte auch großen Respekt vor der Aufgabe. Wir wollten die komplette Produktpalette überprüfen und alles eliminieren, was an Zusatzstoffen nicht zu vertreten war. Zum Saisonstart mussten wir mit Produkten am Start sein, von denen die Feriengäste und Einheimischen im Idealfall begeistert sein würden.

Wie schon bei meinem ersten Aufenthalt hier, fühlte ich mich sofort sehr wohl und angenommen. Die anstrengenden letzten Monate, die Auseinandersetzungen in der Familie, der ganze Festlandstress fielen von mir ab. In den ersten Tagen habe ich noch das gewohnte Lahnstein-Tempo in mir gespürt, aber genau das war das Schöne an der Zusammenarbeit mit Volker.

Seine große Gelassenheit hatte einfach etwas Befreiendes an sich – nicht gleich wieder zehn, zwölf Stunden am Stück durchpowern, weil man glaubt, so schneller vorwärtszukommen, sondern Schritt für Schritt, in einem ruhigen und konzentrierten Arbeitsprozess. Das tat mir extrem gut. So muss sich Backen anfühlen! Das hatte ich im Backstress der letzten zwei Jahre davor fast verloren, und dank Volker fand ich hier wieder die Verbindung zum Ursprung des Backens, zum Feingefühl im Umgang mit den Rohstoffen und dem Teig.

Unser erstes Ziel war also: alle Backhilfsmittel raus. In enger Absprache mit dem Team im Verkauf begannen wir, Produkt für Produkt zu überprüfen, und dann haben wir versucht, jedes von ihnen ohne diese Zusatzstoffe nachzubauen. Und zwar mindestens so gut wie vorher. Um das zu schaffen, testeten wir Teige, Vorteige, Mehle, Zutaten, Backprozesse und Aromen, bis wir mit dem Ergebnis zufrieden waren. Die meisten Produkte kannst du sehr gut auf natürliche Weise umbauen. Es gibt aber auch Produkte, da kann man so viel drehen und wenden, wie man will, man bekommt sie ohne Zusatzstoffe in ihrer Zusammensetzung nicht nachgebaut. So wie bei Volkers Vanillestangen. Nach unseren strengen Qualitätskriterien waren die Inhaltsstoffe für den Teig und die Puddingcremefüllung nicht mehr vertretbar. Doch all unsere Versuche, sie sauber nachzubauen, scheiterten. Die Konsistenz, der Geschmack – das passte einfach nicht mehr zusammen. Wir haben wirklich viel getüftelt, um die Vanillestangen nach unseren Prinzipien irgendwie zusammenzukriegen, aber dann sagte Volker irgendwann: »Jetzt reicht's, dann fliegen sie eben raus aus unserem Sortiment.« Respekt, dachte ich, denn das hätten nicht viele Bäcker gemacht. Die Vanillestangen waren in Volkers Bäckerei seit vielen Jahren das umsatzstärkste Produkt, und sie haben trotz der »bösen« Inhaltsstoffe wahnsinnig lecker geschmeckt. Einen solchen Umsatzträger auszusortieren, zeigte mir noch einmal, dass Volker es ernst meinte mit der Umrüstung seiner Produkte. Mein persönlicher Liebling in Volkers Bäckerei war allerdings das »Witte«, ein Weißbrot ohne Kasten, das ich so noch nicht kannte. Der Teig hatte einen hohen Grießanteil, und es wurde schön kross gebacken, einfach großartig.

Diese so lehrreichen wie experimentierfreudigen Wochen bei Volker stimulierten nebenbei auch meine eigenen Gedanken hinsichtlich des Themas Zukunft. Hier auf der Insel konnte ich jetzt ungestört nach vorne denken, um meine Pläne zu konkretisieren und einen ersten Businessplan aufzustellen. Wie plant man eigentlich eine Bäckerei? Wo fängt man an? Neben all den technischen und wirtschaftlichen Fragen – wie und wo ich beispielsweise eine geeignete Location finde und wie ich eigentlich eine Finanzierung für die notwendigen Investitionen für Einrichtung und Technik auf die Beine stelle –, war für mich der Ausgangspunkt, zunächst mein Brotkonzept ganz klar zu definieren: Die Idee und meine Entscheidung, einen reinen Brotladen zu eröffnen, hatten sich über die letzten Jahre und meine Stationen ganz von selbst ergeben. Denn überall, wo ich war, habe ich zwar durchaus gute Qualität in Backwaren erfahren dürfen, aber sie alle auf einem ganz hohen Qualitäts- und Genusslevel zu backen, das ging meist

Volker Hansen ist ein großartiger Mensch und toller Bäcker. Ich habe viel von ihm gelernt, und für seine Unterstützung bei der Gründung meiner Bäckerei bin ich ihm bis heute dankbar.

nicht. Wie auch, wenn man ständig auf den verschiedensten Produkt-Hochzeiten tanzen musste? Für mich war irgendwann klar: Ich muss mich fokussieren. Allein schon deshalb, weil du als kleiner Betrieb gerade am Anfang noch genauer rechnen und wirtschaften musst. Du kommst einfach auf keinen grünen Zweig, wenn du von allem nur ein bisschen hast und davon dann auch noch etwas übrig bleibt. Ich aber wollte mich in erster Linie auf Brot konzentrieren, auch weil ich ein Alleinstellungsmerkmal haben wollte. Ich wollte der Bäcker sein, der nur diese eine Sache macht: Brot backen. Für mich ist Fokussierung der Schlüssel, schließlich baut Porsche auch keine Busse. Welche Brotsorten will ich in mein Sortiment aufnehmen, und wie viele sollten es sein? Gerade wenn man sich auf nur ein Segment fokussiert, muss die Produktauswahl sehr gut durchdacht sein. Ein Vollsortiment-Bäcker hat im Laufe des Jahres viele saisonale Möglichkeiten, um beim Umsatz variabler zu denken und zu handeln: An Karneval gibt es Kreppel, an Ostern und Weihnachten die entsprechenden Gebäckspezialitäten, Erdbeerkuchen im Sommer und Pflaumenkuchen im Herbst – viel kreativer Spielraum also, um den Umsatz mit besonderen Angeboten immer wieder anzukurbeln. In einem reinen Brotladen bildet allein dein Brot das Fundament und die Statik, die deine Bäckerei erfolgreich tragen muss. Wenn das gelingen soll, müssen natürlich möglichst alle Kundinnen und Kunden, die deinen Laden betreten, ein Brot finden, das ihnen schmeckt. Von den Rohstoffen her betrachtet, sollte meine Auswahl die wichtigsten Mehlsorten abdecken, also Roggen, Weizen und Dinkel. Ich wollte Brote von mild bis kräftig, mit und ohne Sauerteig, Vollkorn- und

Körnerbrot, und im Rheinland müsste auch ein Schwarzbrot zum Sortiment gehören. Etwa so habe ich in Gedanken durchgespielt, wie für meinen Laden ein gut strukturiertes Sortiment aussehen könnte, das möglichst viele Kundenwünsche erfüllt und für mich in der Backstube machbar ist. Und dann lief mir bei Volker Hansen das »Witte« über den Weg, und als wir daran gearbeitet haben, um es nach unseren Vorgaben zu optimieren, war mir klar, dass ich dieses Brot auch in meinem Laden haben möchte.

Gibt es auf Brotrezepte eigentlich einen Patentschutz? Theoretisch ist das vielleicht denkbar, aber seit ich backe, habe ich, ehrlich gesagt, noch nie davon gehört. Nehmen wir das »Witte« als Beispiel, das aus Wasser, Weizen und Hartweizengrieß besteht. Auf diese Grundstoffe ein Patent anzumelden, dürfte schwierig sein. Warum mich dieses Brot so begeistert hat? Das hatte nicht nur mit seinen Rohstoffen zu tun, sondern noch viel mehr damit, was Volker daraus gemacht hat. Nämlich ein Brot, das durch den Hartweizengrieß eine Krumenstruktur bekommt, die ihresgleichen sucht. Ist es dann also Ideenklau, wenn ich das »Witte« heute in meiner Bäckerei unter dem Namen »Föhrer Weißbrot« zu einem meiner unveränderlichen Fixsterne gemacht habe? Zuallererst ist es eine große Verneigung vor Volker Hansen und eine Liebeserklärung an diese Insel und ihre Menschen. Und in meiner Interpretation erfreut es viele meiner Kunden in Bonn, denen es heute genauso geht wie mir damals bei unserer ersten Begegnung auf Föhr – sie haben zuvor noch nie ein so großartiges Weißbrot gegessen. Ich bin natürlich als Erstes zu Volker gegangen und habe ihn gefragt, ob ich sein Rezept haben kann, um es in meiner eigenen Interpretation, heute mit einem großen Poolish-Anteil, das ist ein lang geführter weicher Vorteig, und mit gequelltem statt gekochtem Grieß im Teig, in Bonn backen dürfe. Zu meiner großen Freude hat er zugestimmt.

Meine zweite »Amtszeit« auf der Insel neigte sich ihrem Ende zu, und sie war in vielerlei Hinsicht intensiv. Volker und ich haben es in unserem abgesteckten Zeitplan tatsächlich geschafft, sein Sortiment neu zu strukturieren. Viele Produkte, die sich zu sehr ähnelten, flogen aus dem Sortiment. Keine 15 Brötchensorten mehr, sondern nur noch sieben, und statt jeden Tag acht verschiedene Teilchen, gab es nur noch fünf. So zog es sich durch alle Sparten im Sortiment, und bis auf das Brötchenbackmittel konnten wir unser Vorhaben durchziehen, alles Unnatürliche zu eliminieren. Was dabei wichtig und eben auch ein großer Unterschied zu vielen anderen Bäckern ist: Wir haben den ganzen Prozess und die Idee dahinter sehr transparent kommuniziert. Selbst die meisten Kunden, die nun auf ihre geliebten Vanillestangen verzichten mussten, haben es akzeptiert und diesen neuen Ansatz mitgetragen, weil sie verstanden haben, worum es uns ging. Es war das gute Miteinander, das dieses Projekt erfolgreich gelingen ließ. Alle aus der Backstube standen hinter unserer Idee, jeder Einzelne hat sein Bestes dafür gegeben und war ein Teil davon. Und deshalb werden sie alle auch immer ein Teil von mir bleiben. Mir hat es damals gezeigt, dass selbst die Dinge, die sehr unrealistisch klingen, machbar sind, wenn der Wille zur Veränderung nur groß genug ist.

An einem unserer letzten Abende saßen wir noch bei einem Bier zusammen, als mich Volker fragte: »Hast du schon mal was von John Baker aus Zürich gehört? Ich glaube da musst du mal hin, denn der verfolgt einen ganz ähnlichen Ansatz wie du.« Den Namen hatte ich schon gehört, aber mich noch nicht näher mit ihm und seiner Bäckerei beschäftigt. Als ich dann ein paar Tage später seine Website besucht habe, war ich für einen Augenblick wirklich irritiert. Mich hatte ja schon gewundert, dass ein Bäcker aus der Schweiz »John Baker« heißt. Aber jetzt sah ich, dass alle Mitarbeiter und Mitarbeiterinnen, die auf der Website mit Foto abgebildet waren, auch den Nachnamen Baker hatten. Ich komme ja selbst aus einem Familienbetrieb, aber die Familie Baker in Zürich musste eine echte Großfamilie sein, und alle hatten einen Job in der Bäckerei. Auf den zweiten Blick hat es dann auch bei mir geklingelt. *John Baker* ist ein Markenlabel und dass alle Menschen, die hier arbeiten, Baker heißen, ist die beste und wohl konsequenteste Corporate Identity, die ich jemals bei einer Bäckerei gesehen habe. Ich habe dann sehr schnell mit dem Gründer und Chef Kontakt aufgenommen, der eben auch nicht John Baker heißt, sondern Jens Jung und wie ich aus einer Bäckerfamilie kommt.

Nach ein paar Tagen bekam ich eine Antwort und eine Einladung zu einem Vorstellungsgespräch nach Zürich. Ich buchte mir ein Zugticket im Schlafwagen und machte mich auf in die Schweiz. Die Begegnung mit Jens war für mich eine echte Inspiration, und interessanterweise teilen wir so einige Gemeinsamkeiten. Auch er hatte zunächst im heimischen Betrieb gearbeitet und sollte, so der Plan des Vaters, den Familienbetrieb übernehmen. Doch auch Jens folgte seinem Freiheitsdrang und gründete mit zwei Partnern, die keine Bäcker sind, sondern aus der Medien- und Marketingwelt kommen, *John Baker*. Nach einem tollen Tag und guten Gesprächen lud Jens mich ein, für zwei Monate bei ihm zu arbeiten. So wurde Zürich die nächste Station auf meiner *Road to Bakery*. Als wir uns 2016 kennengelernt haben, war Jens mit *John Baker* schon knapp zwei Jahre mega erfolgreich unterwegs. Er ist auch so ein positiv Verrückter, ein Bruder im Geiste, der super konsequent auf beste biologische Rohstoffe setzt, die alle aus dem Kanton Zürich kommen. Nachhaltigkeit ist für ihn kein Trend, sondern eine Notwendigkeit, der wir uns stellen müssen. Und das heißt ganz einfach, dass er sich über die Auswirkungen Gedanken macht, die unser eigenes Handeln auf die Umwelt und ganz konkret für seine Kunden hat.

Als wir auf das Thema Zusatzstoffe zu sprechen kamen, formulierte Jens eine an diesem Punkt sehr radikale Haltung: »Bevor ich damit arbeite, hacke ich mir lieber die Hände ab!« Ein Mann, ein Wort. Hoffe ich zumindest. Denn Jens ist inzwischen zu einem echten Star am Schweizer Bäckerhimmel aufgestiegen und wird, wie die *Neue Zürcher Zeitung* einmal schrieb, in der Schweiz als »Messias der Bäckerkunst« gefeiert. Jens betreibt inzwischen vier *John Baker*-Läden und hat zudem, weil sein Vater sich in den Ruhestand begeben hat, nun auch den Familienbetrieb übernommen. Ich habe ihn mal gefragt, ob er diesen Expansionskurs heute noch mal so einschlagen würde, worauf Jens meinte: »Stand heute eher nicht.« Ich

Jens Jung alias John Baker ist ein echter Bruder im Geiste, der wie ich super konsequent auf beste biologische Rohstoffe setzt.

wünsche mir jedenfalls, dass er, obwohl er von seinen ursprünglichen Prinzipien abweichen musste, noch immer beide Hände hat und die Ausnahme meiner These ist, wonach Wachstum immer mit einem großen Qualitätsverlust verbunden ist.

Ich bin Jens Jung und *John Baker* sehr dankbar für die Erfahrungen, die ich bei ihm sammeln konnte. Zu sehen, wie komplett anders man Marketing im Bäckerhandwerk betreiben und verkörpern kann, war und ist für mich bis heute einzigartig. Auch in Zürich bin ich mit einer Spezialität in Berührung gekommen, die in der Schweizer Brotlandschaft fest verankert ist: dem Ruchmehl, mit dem viele regionale, sehr charaktervolle und rustikale Brotspezialitäten gebacken werden. Das Besondere am Ruchmehl, das sogar per Schweizer Gesetz definiert ist, besteht in seinem hohen Ausmahlungsgrad, der bei rund 85 Prozent liegt. Das bedeutet, dass in diesem Mehl noch sehr viele Bestandteile des ganzen Korns enthalten sind. Vergleichbar ist das Ruchmehl in etwa mit einem deutschen Weizenmehl der Type 1050. Doch was den Geschmack und die Backeigenschaften betrifft, ist das Ruchmehl unvergleichbar und eine Klasse für sich. Der hohe Anteil an Kornbestandteilen bietet ernährungstechnisch eine Menge Vorteile, von gesunden Vitaminen über Mineralien bis zu den wertvollen Ballaststoffen. Letztere sind zudem in der Lage, viel Wasser zu binden, was sich unter anderem sehr positiv auf die Frischhaltung der Brote auswirkt. Mich hat am Ruchmehl der aromatische Geschmack begeistert. Wie auf Föhr kam auch hier in Zürich bei mir der Wunsch auf, dass es eine feine Sache wäre, dieses Ruchbrot in Bonn in meinem Sortiment zu haben. Obwohl das Ruchmehl so viele ernährungsphysiologische und geschmackliche Vorteile in sich vereint, spielt es im deutschen Bäckerhandwerk eigentlich keine Rolle. Einige Mühlen hierzulande bieten zwar ein Ruchmehl an, mahlen es aber nicht aus demselben Korn, sondern mischen verschiedene Mehle zusammen und bezeichnen das Ergebnis einfach als »Ruchmehl«. Deshalb beziehe ich dieses Mehl bis heute aus der Schweiz damit ich es in seiner reinsten Form verarbeiten kann, und das Brot, das ich daraus backe, heißt »Johnny«. Eine Reminiszenz an John Baker und an Jens Jung, der einmal gesagt hat: »Es ist doch unsere Aufgabe als Bäcker, in unserem Bereich das Beste für die Umwelt herauszuholen und unseren Kunden diese Botschaft weiterzugeben. Sie sollen bei mir, ohne groß nachzudenken, mit gutem Gewissen einkaufen können. So baut sich das Vertrauen auf, aus dem dann eine lange Kundenbindung entsteht.« Das kann ich voll unterschreiben.

Einmal in der Schweiz konnte ich durch einen alten Kollegen meines Vaters die Gelegenheit nutzen, um noch bei einem zweiten Großmeister der Schweizer Backkultur vorbeizuschauen: Fredy Hiestand, dem »Gipfelikönig«. Gipfeli sind die schweizerische Croissantvariante. Seinen Eintrag in die Geschichtsbücher hat sich Fredy Hiestand 1988 mit der Erfindung der »Aufbackgipfeli« erbacken. Dafür werden die vorgegarten, schon gelockerten Teiglinge schockgefrostet und können dann im heimischen Ofen innerhalb von 20 Minuten zu frischen Gipfeli aufgebacken werden. Mit diesem System überführte Fredy Hiestand das Schweizer Traditionsgebäck in die Massenproduktion und machte es zu einem internationalen Exportschlager. Das brachte ihm viel Anerkennung, aber unter den Schweizer Bäckern auch scharfe Kritik ein, die in dem Erfinder der Convenience-Gipfeli nicht den weitsichtigen Visionär sahen, sondern eher den Totengräber, der in der Schweiz das Sterben der Handwerksbäcker beschleunigt hat, weil viele Schweizer ihr geliebtes Frühstücksgebäck nun eben nicht mehr beim Bäcker um die Ecke, sondern an der Tankstelle und im Supermarkt eingekauft haben. 1997 brachte Hiestand sein Unternehmen an die Börse und wurde kurze Zeit später Opfer seines eigenen Erfolgs. 2003 musste er seinen Posten in der Geschäftsleitung räumen, verkaufte seine Aktien, und das von ihm gegründete Unternehmen fusionierte ein paar Jahre später mit der Aryzta AG, die heute mit 57 Großbäckereien in 29 Ländern zu den größten Tiefkühl- und Convenience-Backwaren-Konzernen der Welt gehört.

Bei so einer Story sträuben sich mir ja eigentlich die Haare. Warum war es für mich trotzdem interessant, für vier Wochen bei Fredy Hierstand zu Gast zu sein? Nachdem er sein Lebenswerk verloren hatte, gründete er ein neues Unternehmen unter dem Namen *Fredys*, das heute im schweizerischen Baden angesiedelt ist. Hier backt er, auch im industriellen Maßstab, nun vor allem Brot mit Getreide aus pestizidfreiem Anbau und beliefert mit seinen Backwaren die großen Supermärkte. Ich wollte herausfinden, wie die Strukturen in solchen Dimensionen funktionieren und welche Effektivität in industriellen Systemen erreicht wird. Für mich war es wirklich atemberaubend, das einmal live und persönlich zu erleben. In so einem Betrieb geht es in erster Linie darum, Masse zu produzieren. Die Produktion läuft im Schichtbetrieb rund um die Uhr. In der Backstube gibt es drei sogenannte »Linien«, die sich aus vielen kleinen Maschinen zu einer großen Produktionskette zusammenfügen. Vorne kommt der Teig rein, und hinten nimmst du die Bleche mit den Teiglingen heraus und schiebst sie in einen Wagen, der später im Ofen landet. Mit der Hand abwiegen oder formen ist hier fehl am Platz. Zwei Linien liefen täglich, während die dritte an diesem Tag komplett gereinigt wird. So herrschte in diesem Betrieb eine enorme Sauberkeit, und das nicht nur bei den Maschinen. Ich habe selten eine Bäckerei mit so einem Hygienesystem gesehen. In meinen Augen war die Qualität, die sie hier produziert haben, in Ordnung, und ich muss zugeben, dass die allgemeine Menge der Zusatzstoffe, die sie hier verwendet haben, deutlich geringer waren als in vielen kleinen Bäckereien, in denen ich gearbeitet habe. Sie hatten zwar überall welche drin, aber sie haben ihre Rezepte klug aufgebaut und kombiniert. So haben sie zum Beispiel nur einen Vorteig für alle Produkte hergestellt. Außerdem hatten sie nur zwei Weizenmehlsorten statt fünf wie viele andere Bäcker. Sie waren dadurch effektiver und hatten eine deutlich kürzere Vorbereitungszeit für ihre Teige.

Wie Fredy und seine Führungsetage die eigene Qualität einschätzten, durfte ich selbst erleben, als Fredy mich zu den Gesprächen im Qualitätsmanagement mitnahm. Fredy war damals Anfang 70 und aus der Backstube schon lange raus, aber wenn er mit seinen Führungskräften die Qualität seiner Produkte getestet hat, war er wieder ganz der Bäcker von früher. Er hat die Krumen und Krusten beschnüffelt und probiert, das Aroma geschmeckt und konnte sehr genau beschreiben, wann und warum er nicht zufrieden war und wo er Verbesserungsbedarf gesehen hat. Ein richtig gutes Produkt musste für Fredy einen Wow-Effekt haben.

Der Typ hat mich wirklich beeindruckt. Wenn Fredy morgens in die Produktion gekommen ist, hat er zum Beispiel jeden Mitarbeiter mit Handschlag begrüßt. Dieses kurze »Guten Morgen, alles klar, wie geht's?«, das fand ich wirklich stark. Auch alle Angestellten haben das untereinander gemacht. Das gehörte zur Firmenkultur. Da ist man nicht aneinander vorbeigelaufen oder hat erst nach einer Stunde gesehen, wer gerade so da war. Alle haben sich zum Start mit einem kurzen Blick in die Augen die Hand gegeben. Ich habe das später auch mal in meiner Bäckerei ausprobiert, aber meine Mitarbeiter haben mich alle angeschaut, als hätte ich einen Vogel. Schade eigentlich, aber jetzt, wo ich darüber nachdenke, werde ich es vielleicht noch einmal versuchen.

Nach zwei Wochen bat Fredy mich, das Rezept für ein Dinkelbrot zu entwickeln, so wie wir das in Deutschland backen, denn in der Schweizer Brotkultur ist Dinkel nicht so populär. Und auch da dachte ich wieder: Fredy ist schon ein guter Typ. Der kennt mich überhaupt nicht und hätte mich ja auch einfach die vier Wochen in seiner Produktion arbeiten lassen können, aber dann beauftragt er diesen Deutschen, ein Rezept zu entwickeln. Wir haben dann mehrere Backversuche gemacht, unterschiedliche Mehlsorten getestet und ein neues Dinkelbrot aus dem Ofen gezogen. Und was war daran anders? Es hatte keine Backmittel dafür gebraucht. Ich habe die Frischhaltung, die in der Industrie oft mit Zusatzstoffen erreicht wird, mit einem Brühstück gewährleistet. Hierbei wird kochendes Wasser auf Vollkornmehl geschüttet, das so die dreifache Menge an Wasser aufnehmen kann. Die ausgekühlte cremige Mehlmasse gibt man dem Teig zu und gewährleistet so eine natürliche und bessere Frischhaltung. Die Schweizer hatten es zwar nicht erfunden, aber sie waren froh, es jetzt zu kennen und anwenden zu können. Es hatte diesen Wow-Effekt, den Fredy sich immer wünschte, und dieses Dinkel Wow war nun in seine Produktpalette eingezogen. Auf ganz natürlichem Wege. Als ich ihn zum Abschied in seinem Büro besuchte, um mich noch einmal für die Zeit bei ihm zu bedanken, blätterte er plötzlich noch eine Menge Euroscheine auf den Tisch und schob mir 1200 Euro rüber. Ich schaute fragend auf den Tisch, und meine Augen wurden mit jeden Schein größer, denn ich hatte ja dort ein normales Gehalt erhalten. Leicht irritiert sagte ich deshalb: »Das kann ich doch gar nicht annehmen, Sie haben mich doch für den Monat bezahlt.« Er aber antwortete: »Doch, doch, das ist jetzt meine Art, danke zu sagen.« Ich habe seine Hand ganz fest gedrückt! Nicht wegen des Geldes, sondern wegen dieser unbezahlbaren Erfahrung. Die Zeit hier war prägend, weil ich nun wirklich mitreden konnte, wie es bei den ganz Großen zugeht. Sie hatten ein paar Tricks und Kniffe drauf, die auch ich übernehmen wollte, besonders in Sachen Effektivität. Allerdings mir ist auch klar geworden, dass so ein Industriebetrieb niemals meine Heimat sein könnte. Bei allem Bemühen um einen menschlichen Umgang, der mir hier so positiv aufgefallen war, verkehrt sich einfach das Verhältnis von Mensch und Maschine. In meiner kleinen Backstube setzen wir zwar auch Maschinen ein, wie unseren Teigkneter etwa, aber der Mensch ist der dominierende Faktor. In einem weitgehend automatisierten Industriebetrieb wie bei Fredy fungieren die Mitarbeiter fast schon wie ein organischer Bestandteil der Maschinen, die das eigentliche Tempo und die Taktung der Arbeitsschritte vorgeben. Das ist absolut nicht meine Welt.

Apropos Welt: In die trieb es mich dank Alex nach meiner Zeit in der Schweiz noch einmal hinaus, und dafür waren Fredys 1200 Euro tatsächlich ein echter Segen. Wir sind ein zweites Mal nach Vancouver geflogen, weil Alex' Freundin heiraten wollte. Weil wir von München aus gestartet sind, wollte ich noch auf einen kurzen Besuch bei den Kollegen aus der *Fritz Mühlenbäckerei* vorbeischauen. Matthias, einer der beiden Chefs, war inzwischen aus der Mühlenbäckerei ausgestiegen und hat sich in Rosenheim mit einer kleinen Bäckerei wieder selbstständig gemacht. Fritz hatte einen neuen, viel jüngeren Geschäftspartner gefunden. Die großen Probleme, die ich dort damals erlebt hatte, hatten sie inzwischen in den Griff bekommen. Es war für mich eine Rückkehr zu Freunden, und umso mehr erfüllte es mich mit Freude, die Entwicklung zu sehen, die die Mühlenbäckerei inzwischen genommen hatte. Ich und Fritz, den ich nun auch duzen durfte, trafen uns jetzt auf einer ganz anderen Ebene. Klar, ich war erwachsen geworden, arbeitete nicht mehr bei ihm, und er hatte so einiges von mir über seine Angestellten und die sozialen Medien mitbekommen. Er wusste von meinem Ausstieg aus Lahnstein und auch von meinen Plänen, eine eigenen Bäckerei zu gründen. Irgendwann fragte er mich dann ganz konkret, ob ich mir auch einen Einstieg in die *Fritz Mühlenbäckerei* vorstellen konnte. Mit dieser überraschenden Frage hatte ich nicht gerechnet. Er führte weiter aus, dass sich ein Betrieb dieser Größe besser durch zwei Menschen führen ließe und er jetzt langsam darüber nachdenke, sich zurückzuziehen. Bei seinen Überlegungen für einen geeigneten Nachfolger wäre ich ihm immer wieder durch den Kopf gegangen, um neben Dirk, so heißt sein jüngerer Partner, die Mühlenbäckerei weiterzuführen. Er bat mich darum, die Sache für mich zu behalten, aber auf meiner Reise doch einfach mal darüber nachzudenken.

Sollte ich in München investieren? Ich wäre hier ja auch mein eigener Chef gewesen und hätte mich in ein gemachtes Nest setzen können, ein Nest, in dem ich mich zudem schon sehr gut auskannte. Ein reizvolles Angebot also, das mich auch sehr stolz machte, weil es mir zeigte, wie Fritz meine bisherige Arbeit bewertet hatte. Aber ich musste »Nein« sagen. Ich war inzwischen schon ein ganzes Stück weiter mit der Entwicklung meiner eigenen Bäckerei-Ideen und bei aller Wertschätzung für die Arbeit der Mühlenbäckerei fest davon überzeugt, meinen eigenen Weg gehen zu wollen. Außerdem hatte ich mich gerade erst dazu entschieden, in Lahnstein auszusteigen, nicht zuletzt, weil die Bäckereipläne meines Vaters einfach nicht meine Perspektive waren. Wenn ich jetzt in München eingestiegen wäre, hätte ich mich in eine ganz ähnliche Situation begeben, nur eben in Bio.

Auf meiner zweiten Reise nach Vancouver habe ich mich, ehrlich gesagt, weniger für Land und Leute interessier als vielmehr für die Läden der dort ansässigen Bäckereien. Jetzt, wo ich wusste, dass ich meine eigene Bäckerei eröffnen werde, wollte ich möglichst viele neue Eindrücke aufsaugen und mitnehmen. Hin und weg war ich von *Nelson the Seagull* in Gastown, ein total cooler Laden, der, gemessen an deutschen Verhältnissen, extrem untypisch für eine Bäckerei aussah: die Farben der Wände, an einer davon ein Bild von Muhammad Ali in goldenem Rahmen, die Einrichtung im Vintage-Style, diese stilvolle Mischung aus alten Tischen, großen Tischplatten und einem gut gewählten Mix aus unterschiedlichen Stühlen. Die coole Musik im Hintergrund oder die Arbeitskleidung der Mitarbeiter – das sah zusammengenommen auf den ersten Blick eher wie ein offener Coworking Space aus. Am liebsten hätte ich den kompletten Laden eingepackt und mitgenommen. Das ging natürlich nicht, aber die graublaue Wandfarbe, die heute die Wände und Decke in meinen Laden schmückt, ist von dort inspiriert, und ich hoffe, dass auch ein Stück dieser atmosphärischen Leichtigkeit in meinem Laden spürbar ist.

Auch der Grund, warum mein Laden nur meinen eigenen Namen trägt, habe ich dieser Stadt zu verdanken. Um genau zu sein: Thomas Haas. Er ist ein deutscher Konditor und Chocolatier, der in Vancouver zu Hause ist. Für mich war immer schon klar, dass das Wort »Bäckerei« in meinem Firmennamen

Läden wie *Nelson the Seagull* waren auf meiner Reise nach Vancouver eine große Inspiration für die Gestaltung meiner Bäckerei.

nicht vorkommen sollte. Ich wollte mein Handwerk und meine Idee vom Backen anders verkörpern und leben. Allein aus diesem Grund wollte ich mich auch namentlich von anderen Bäckereien unterscheiden. Auf der Suche nach den besten Läden in Vancouver traf ich auch auf den von Thomas Haas. Und was soll ich sagen: Über dem Eingang stand dick und fett einfach nur sein Name. In diesem Moment wusste ich, das will ich auch. Kein anderer Name als dein eigener kann doch besser das verkörpern, wofür du stehst. Denn unsere Arbeit ist genauso einzigartig wie unser Name.

Zurück in Deutschland hatte ich das Gefühl, ein gutes Stück vorangekommen zu sein, zumindest theoretisch. Mein Brotsortiment nahm so langsam konkrete Gestalt an. Zehn verschiedene Brotsorten sollten es sein, in denen sich meine Reisen und meine gesammelten Erfahrungen widerspiegelten. So viel wusste ich schon mal. Neben dem »Föhrer Weißbrot« und dem »Johnny« aus Schweizer Ruchmehl sollte auch das Brot dazugehören, mit dem wir bei unserem Sieg als *Deutschlands bester Bäcker* den Unterschied gemacht hatten. Mein Vater hatte vorgeschlagen, mit unserem »Bärenbrot« ins Rennen zu gehen, welches wir immer nur zum Wochenende in Lahnstein gebacken haben. Es ist ein kräftiger, zwei Kilogramm schwerer Laib aus 80 Prozent Roggenvollkorn und 20 Prozent Weizenmehl. Mit viel Charakter, einer aromatischen, saftigen Krume, einem hellen Boden und einer fast schwarzen Kruste. Ich kann mich noch gut an die skeptischen Blicke der Jury erinnern, als dieses Brot aus dem Ofen kam, weil sie wirklich dachten, es sei uns angebrannt. Aber genau so sollte es sein, und das haben die

Juroren auch gemerkt, als sie es dann probiert haben. Die Kombination aus den Röstaromen in seiner dicken Kruste, der saftigen Krume mit seiner milden Sauerteignote, sowie der perfekt aufeinander abgestimmten Brotgewürze hat sie überzeugt und uns den Sieg gebracht. In meiner Version heißt es heute »Heinz«, der Namen meines Vaters, dem ich damit ein kleines Denkmal setzen wollte, und weil es für mich zugleich die Verbindung zu meinen Wurzeln in Lahnstein herstellt. Mir war es sehr wichtig, dass meine Brote, wenn sie einen Namen kriegen, genau den Namen tragen sollen, der ihnen gerecht wird. Ich wollte mir keine sinnlosen Fantasienamen ausdenken. Wenn ich mit einem Brot keine persönliche Geschichte verbinde, dann heißt es eben entsprechend dem, was es ist, wie heute mein Roggen- oder mein Weizenvollkornbrot. Das Sortiment war also halbwegs klar in meinem Kopf, doch was mir fehlte, war ein Laden, den ich aber auch noch nicht wirklich aktiv gesucht hatte. Aber dann, im November 2016, lief er mir in Bonn über den Weg – oder ich ihm..

Meine damalige Freundin Alex wohnte in dieser Zeit bei ihrer Tante Uschi in der Bonner Südstadt. Deshalb ging auch ich dort häufig ein und aus und war in diesem Viertel unterwegs. Der Bonner Talweg ist eine sehr belebte und beliebte Straße mit vielen kleinen und sehr unterschiedlichen Geschäften, die so ziemlich alles anbieten, was der Mensch für den täglichen Bedarf so braucht. An einem dieser grauen Novembertage schlenderte ich den Talweg entlang und entdeckte einen Laden, der offensichtlich kürzlich geschlossen hatte. Durch das bodentiefe Schaufenster konnte ich nicht wirklich viel erkennen, aber ich wusste sofort: Das ist es, der ist es, diesen Laden will ich haben! Die vermutete Größe und vor allem die Lage dieses Geschäfts waren genau das, was mir vorschwebte. Im Fenster hing ein Zettel mit einer Telefonnummer, weil die Vormieterin noch ein paar Dinge aus ihrer Ladeneinrichtung verkaufen wollte. Ich nahm sofort Kontakt auf, um zu fragen, ob der Laden schon wieder vermietet sei. Die freundliche Frau am Telefon war sich nicht sicher, gab mir den Kontakt zum Vermieter, aber meinte gleich: »Ich glaube aber nicht, dass die hier eine Bäckerei haben wollen.« Noch am gleichen Tag habe ich mich bei den Vermietern gemeldet, einem Ehepaar, er Steuerberater und sie Anwältin, und wir haben einen Termin in ihrem Büro vereinbart. Ich hatte inzwischen schon ein kleines Konzeptpapier und meinen Businessplan ausgearbeitet und war sehr gespannt, ob ich damit meine potenziellen Vermieter würde überzeugen können.

Ich hatte, ehrlich gesagt, kein echtes Gefühl dafür, da es meine erste Präsentation vor mir fremden Leuten war, und entsprechend nervös und gespannt habe ich mich zum vereinbarten Termin auf den Weg gemacht. Allerdings muss ein guter Bäcker eigentlich auch immer ein guter Kommunikator sein, wenn er erfolgreich arbeiten will, denn wir stehen ja täglich im direkten Kundenkontakt. Über Brot und vor allem über *das* Brot, das ich mir vorgestellt habe, konnte ich schon damals sehr detailreich erzählen, und die beiden waren von meinen Ideen ganz offensichtlich angetan. Mein großes Glück war, dass ich hier nicht zwei Immobilienhaien gegenübersaß, denen es nur darum ging, den Mieter zu finden, der den höchsten Preis zahlt. Die beiden hatten eher großes Interesse daran, das Viertel und die Straße weiter zu beleben. Und da kam ich anscheinend genau zum richtigen Zeitpunkt. Die Ehefrau reagierte sofort begeistert, ihr Mann hielt sich typisch geschäftsmäßig erst einmal etwas zurück. Ein paar Tage nach unserem ersten Gespräch wollte ich natürlich noch den Laden besichtigen, zu dem auch eine Wohnung im ersten Stock gehörte. Nach diesem Besichtigungstermin war ich komplett begeistert, der Laden schien tatsächlich auf mich gewartet zu haben, und als wir dann in die finanziellen Verhandlungen einstiegen, schlug mir mein Vermieter einen Deal vor, der mir mehr als entgegenkam. »Herr Kugel«, sagte er, »ich verdiene mein Geld mit meinem Steuerbüro und bin nicht auf die Miete für Ihren Laden angewiesen. Die erste Miete wird fällig, wenn Sie ihren Laden eröffnet haben und Ihr erstes Brot verkaufen.« Das war ein wahnsinnig großzügiges Entgegenkommen und, ehrlich gesagt, auch meine Rettung, denn die Finanzierung meines Projekts stand auf äußerst schwachen Füßen. Ich hatte 10 000 Euro an Ersparnissen und mein Auto. Sonst nichts. Ich bin meinen Vermietern für immer zu Dank verpflichtet, denn ohne ihre großzügige und entgegenkommende Art wäre ich nie auf dem Bonner Talweg gelandet. Ein paar Jahre später lief mein Vermieter einmal an meinem Laden vorbei und sah mich im Verkauf. Er kam kurz rein, und wir unterhielten uns über die Entwicklung meines Ladens. Mit einem Lächeln sagte er: »Herr Kugel, mich hat Ihr Auftreten und Ihr Händedruck bei unserem ersten Treffen damals direkt überzeugt, da wusste ich sofort, dass ist einer, der wird es schaffen.«

Ich war in diesen Wochen extrem euphorisiert, denn jetzt wurde es endlich konkret. Allerdings ging meine Beziehung zu Alex in die Brüche. Wenn man so will, hatte ich meine Liebe gegen meinen Laden eingetauscht, dem nun meine volle Konzentration galt. Auch wenn ich Alex verloren hatte, blieb mir ihre Tante Uschi erhalten, und das war ein großes Glück. Uschi arbeitete damals bei der Stadt Bonn und ist heute im Ruhestand. Wir hatten schon immer einen guten Draht zueinander, und ich habe sie damals gefragt, ob sie mir bei den Finanzierungsfragen und der Buchhaltung helfen könne. Ich hatte auf allen meinen bisherigen Stationen beobachtet, dass die Backstube zwar das eine ist, aber eben noch eine ganze Menge mehr dranhängt, wenn du deinen eigenen Laden erfolgreich führen willst. Ich wollte ja Bäcker bleiben und nicht Manager werden. Gleichzeitig sollte meine Bäckerei aber so aufgestellt sein, dass sie zumindest temporär auch dann läuft, wenn ich einmal ausfalle. Mich hat es extrem gefreut, als Uschi zugesagt hat, und sie hat einen Riesenanteil daran, dass mein Laden heute so gut funktioniert. Sie war von Anfang an in alles involviert, auch und gerade als es darum ging, die so wichtigen Kreditentscheidungen zu treffen. Sie hält mir immer den Rücken frei und ist meine Beraterin in allen Lebenslagen. Immer wenn ich mit einer für sie völlig verrückten und unwirtschaftlichen Idee um die Ecke komme, poltert sie liebevoll los. Lässt mich dann aber einfach machen und schmunzelt am Ende oft über den Erfolg meiner Umsetzung. Auch das ist für mich über all die Jahre wichtig gewesen, um nach ihrer Argumentation die Sache noch einmal zu durchleuchten, zu prüfen und erst dann umzusetzen. Natürlich musste ich für die eine oder andere Entscheidung auch schon Lehrgeld bezahlen, weil ich zu forsch und unüberlegt unterwegs war. Hier sagt Uschi dann gerne mit einem Hauch von Ironie, »das packen wir mal auf das Konto Erfahrung«. Uschi ist für mich schon lange viel mehr als eine Tante. Sie ist neben meiner Lebenspartnerin Sonja die wichtigste Frau in meinem Leben. Ich würde für sie alles tun, denn sie gehört zu den Menschen, die so viel geben, einfach nur so, ohne Bedingungen, nur weil sie selbst es so wollen. Und das ist alles andere als selbstverständlich. Dir, Uschi, möchte ich aus tiefstem Herzen danken, und allen jungen Gründern wünsche ich, so einen Menschen wie dich an ihrer Seite zu haben.

Meinen Vater wollte ich in Sachen Finanzierung nicht ansprechen. Zum einen war da die Erfahrung mit meinem Autokredit, den er mir gewährt hatte und für den ich mir, bis er dann abbezahlt war, immer wieder kleine Spitzen anhören musste. Zum anderen hatte Papa aber auch sein eigenes Großprojekt gestartet, das er finanzieren musste. Mir war es aber vor allem auch wichtig, es alleine und ohne die Unterstützung meiner Familie zu schaffen. Da ich mein Geschäft in Bonn gründen wollte, habe ich zunächst bei der Bonner Volksbank und der dortigen Sparkasse vorgesprochen. Die Volksbank wollte mich noch nicht einmal zum Gespräch einladen. Interessante Begründung: »Das Bäckerhandwerk ist ein aussterbender Beruf, und in einem reinen Brotladen sehen wir kein tragfähiges Konzept. Aber toll, dass sie es auf Biobasis machen wollen, da wünschen wir Ihnen viel Erfolg.« Danke für nichts. Die Bonner Sparkasse lud mich zwar zum Gespräch ein, aber der ganze

Prozess zog sich durch viele Termine und immer neue Anforderungen derart in die Länge, dass ich auch hier nicht das Gefühl hatte, dass mein Konzept und meine Idee auf offene Ohren stießen. Ehrlich gesagt, wurde es mir mit der Zeit auch ein wenig zu blöd. Ich kann ja durchaus verstehen, dass man ungewöhnliche Konzepte kritisch hinterfragt, aber man sollte neuen Ideen trotzdem mit einer gewissen Offenheit begegnen. Das Gefühl hatte ich hier nicht, und deshalb war diesmal ich es, der einen Schlussstrich zog.

Nachdem mir in Bonn die kalte Schulter gezeigt worden war, habe ich die Volksbank in Lahnstein angesprochen, über die mein Vater schon immer seine Investitionen finanziert hatte. Die wussten also, wo ich herkomme, und mein Berater, ein junger und freundlicher Typ, gab mir auch das Gefühl, an mein Konzept zu glauben. Dann aber haben sie mir einen Kredit für fünf Prozent Zinsen angeboten, in einer Zeit, als der Zinssatz bei maximal einem Prozent lag. Auch das fand ich, bei der langen Zeit, die unsere Familie mit dieser Bank verbunden war, ziemlich frech. Bei einem dieser Beratungsgespräche kamen wir auch kurz auf meinen Vater zu sprechen, der für seine neue Produktion wohl gerade noch eine Nachfinanzierung verhandelt hatte. Genaue Zahlen habe ich natürlich nicht gehört, und auch wenn mir das im Hinterkopf Sorgen bereitet hat, musste ich mich jetzt um mein eigenes Ding kümmern. Volker Hansen gab mir den Tipp, zwar die Volksbank als Kreditinstitut auszuwählen, aber die Finanzierung über die KFW-Förderbank laufen zu lassen, die mir ein deutlich besseres Angebot machte. Der Haken hier war: Ich brauchte mindestens

30 000 Euro Eigenkapital. Ich hatte aber nur 10 000 Euro und meinen Golf. Im Zweifel wäre ich bereit gewesen, meinen GTI Edition 30 zu verkaufen, das 30-Jahre-Sondermodell, das mir in etwa die fehlenden 20 000 Euro eingebracht hätte. Aber dann hätte ich wirklich nackt im Wind gestanden. Bevor aber die Finanzierung nicht in trockenen Tüchern war, konnte ich den Umbau des Ladens nicht angehen und hing etwas ratlos in der Luft.

Volker Hansen hatte mich zu seiner Weihnachtsfeier nach Föhr eingeladen, und ich dachte mir, bei all den Unwägbarkeiten und ungeklärten Fragen, fahr ich da hin und lass mir mal etwas frischen Wind um die Ohren blasen. Volker hat sich sehr gefreut, als ich auf der Insel ankam, und es tat einfach sehr gut, ihn und den ganzen fröhlichen Haufen mal wieder zu sehen. Er erzählte mir ausführlich vom Erfolg unserer gemeinsamen Arbeit, die schon in der ersten Saison Früchte getragen hatte. Immerhin haben wir den Brotumsatz um 25 Prozent steigern können. Die Weihnachtsfeier hatte inzwischen an Fahrt aufgenommen, und irgendwann blickte Volker auf die tobende Menge auf der Tanzfläche und sagte zu mir: »Schau sie dir alle an, ist es nicht das Größte, mit solchen Menschen arbeiten zu dürfen?« Für Volker schon, ich ticke da ein wenig anders und wollte schon immer mit so wenig Leuten wie möglich arbeiten, vielleicht am liebsten sogar alleine. Als sich die Feier ihrem Ende neigte und alle entweder nach Hause oder in die Inseldisco gingen, waren wir beide die Letzten an der Bar. Da stellte mir Volker eine Frage, die mir so vorher noch nie jemand im Leben gestellt hatte. »Hast du dich eigentlich bei all deinen schönen Plänen auch schon mal mit dem Scheitern beschäftigt? Darüber solltest du auch mal nachdenken.« »Scheitern?«, erwiderte ich, fast schon ein wenig empört. »Nein, Scheitern, das ist für mich keine Option.« Heute weiß ich, dass Volker natürlich recht hatte und es von meiner Seite ziemlich naiv war, bei meiner Unternehmensgründung nicht über einen eventuellen Misserfolg und einen kleinen Notfallplan nachzudenken. Meine Antwort war der Ausdruck der völligen Überzeugung und des bedingungslosen Willens, mit denen ich meine Bäckerei auf die Beine stellen wollte. Volker sah mir natürlich meine Sorgen an und fragte weiter: »Wovor hast du eigentlich am meisten Angst?« Noch so eine Frage, mit der ich nicht gerechnet hatte, obwohl mich bei meiner Unternehmensgründung natürlich auch Ängste plagten, um genau zu sein vor allem eine: Ich erzählte ihm, dass mir für den KfW-Kredit das nötige Eigenkapital fehlt. »Ich kann es vielleicht aufbringen, wenn ich alle meine Ersparnisse plus mein Auto dafür einsetze, aber dann bin ich absolut blank, und es darf wirklich keine Kleinigkeit schiefgehen.« Volker sah mir in die Augen und sagte, ohne lange nachzudenken: »Max, ich stelle dir 40 000 Euro als Startkapital zur Verfügung.« Es war schon spät, wir hatten einiges getrunken, und ich schüttelte den Kopf. »Nein Volker, das war nun wirklich nicht der Grund, warum ich hergekommen bin.« »Ich weiß«, antwortete Volker, »aber erstens glaube ich an dich und dein Projekt, und zweitens hast du mir und meinem Betrieb mit deiner Arbeit hier so viel gegeben. Jetzt kann ich dir dafür etwas zurückgeben. Und mach dir keine Sorgen, wenn das nicht funktioniert mit deiner Bäckerei, dann ist die Kohle eben weg.« Auch am nächsten Tag und bei nüchternem Verstand machte Volker nicht den Eindruck, als sei er am Zweifeln, ob er mit dem Kredit an mich gerade eine Menge Geld in den Sand setzt. Im Gegenteil: Wir haben einen Vertrag über vier Jahre Laufzeit mit einem kleinen Zinssatz aufgesetzt, und Volker hat mir, ohne zu zögern, das Geld überwiesen. Mehr noch als das Startkapital hat mir vor allem sein Vertrauen neue Kraft und Zuversicht geschenkt. Volker ist ein ganz anderer Typ als beispielsweise mein Vater oder mein Bruder Klaus, die bei jedem meiner Vorschläge zur Veränderung meistens nur abgewunken haben. Wenn Volker von einer Idee überzeugt ist, dann zieht er sie auch durch, so wie bei der Umstellung seines Sortiments. Übrigens: Vier Jahre hat es nicht gedauert, bis Volker sein Geld wiederhatte. Nach einem halben Jahr hatte ich ihm den Kredit bis auf den letzten Euro zurückgezahlt. Ich glaube wirklich, wir werden uns beide ewig dankbar sein, und ich habe mir fest vorgenommen, eines Tages einem jungen Menschen, der sich in einer ähnlichen Situation wie ich damals befindet, zu helfen, wenn ich an ihn und sein Projekt glaube. So wie Volker das für mich getan hat. Heute kann ich es ja sagen: Ich hätte fast mein Herz an diese Insel verloren. Denn wenn Volker damals schon weiter mit seinem Mühlen-Projekt gewesen wäre, das er auf Föhr gestartet hatte, dann hätte ich diese Mühle betrieben und wäre zum Insulaner geworden. Denn nirgends habe ich mich so wohlgefühlt wie bei ihm. Wie sagen sie so gerne auf Föhr: »Hm, na ja, so ist das eben auf der Insel.«

Zurück in Bonn konnte ich nun in die Vollen gehen. Ich nahm Kontakt zu dem Ladenbauer auf, der damals mit meinem Vater sein Jules-Verne-Konzept umgesetzt hatte. Der merkte schnell, dass ich von den üblichen Bäckereiladenstandards nichts wissen wollte und übergab das Projekt an Franz Weber, einen seiner jüngeren Mitarbeiter, der Bäcker- und Schreinermeister war und etwa in meinem Alter. Wir haben uns auf Anhieb gut verstanden, und er hatte ein gutes Feeling für meine Ideen, die wir dann gemeinsam sehr detailliert umgesetzt haben. Ich begann auch gleich damit, auf *Facebook* meine Promotion zu starten. Wenn mein Laden schon *Max Kugel* heißen würde, dann sollten die Leute diesen Max Kugel auch kennen, bevor er überhaupt da ist. Ich habe Fotos von meiner Anmeldung bei der Handwerkskammer gepostet oder kleine Filme von der Baustelle, alles nicht super professionell, aber eben authentisch. Denn darum ging es mir und geht es mir bis heute: Authentizität, so abgegriffen das Wort auch sein mag.

Ein paar Wochen vorher war ich in Weinheim auf einer Bäckerfachschule, wo Jimmy Griffin, ein Bäcker aus Irland, ein Seminar über Sauerteigbrote und irische Spezialitäten gab, das mich interessierte. Hier lernte ich Stefan Greimel kennen, der ebenfalls das Seminar besuchte. Ich war Jimmy im praktischen Teil des Seminars etwas zur Hand gegangen, und später am Tag sprach mich Stefan an: »Du, Max, ich eröffne demnächst nach zwei Jahren Pause meine Bäckerei in Aschau wieder neu, hättest du vielleicht Zeit und Lust, die ersten drei Monate als Unterstützung dazuzukommen.« Da ich für mein eigenes Projekt gerade jeden Pfennig gebrauchen konnte und die Renovierungsarbeiten in meinem Laden erst im Januar losgehen sollten, habe ich nicht lange gezögert und zugesagt. Neben der

Die Zeit bei Stefan Greimel war für mich unglaublich lehrreich.
Er und seine Bäckerei zählen für mich zu den ehrlichsten und besten
im Land.

Kohle hatte ich hier vor allem die Möglichkeit, live mit dabei zu sein, wenn eine Bäckerei neu eröffnet. Ich machte ihm folgenden Vorschlag: »Ich komme gerne zu dir, und es ist mir egal, wie viel ich arbeiten muss. Du kannst mich jeden Tag so lange haben, wie es nötig ist, aber ich möchte dafür 3 500 Euro netto im Monat haben.« Das war zwar eine echte Ansage, aber schließlich musste ich für Bonn weiter Eigenkapital ranschaffen. Vor dem Hintergrund, dass der Zeitraum begrenzt war, meinte Stefan: »Okay, du kommst für drei Monate, und dein Gehalt ist es mir wert.« Da im Bonner Talweg 34 zunächst eine komplette Kernsanierung anstand, konnte ich die anfallenden Fragen und Aufgaben von Bayern aus koordinieren, bis es an die Feinheiten ging. So bin ich im Januar 2017 nach Aschau am Inn gekommen, ein Luftkurstädtchen in einer wunderschönen Landschaft. Gleich schräg gegenüber der Bäckerei habe ich in einer wirklich abgeranzten Bude gewohnt, die Stefan über den Bürgermeister organisiert hatte. Über eBay habe ich mir eine Matratze gekauft, die auf dem nackten Boden lag, und eine Bäckereikollegin hat mir noch eine Nachttischlampe zur Verfügung gestellt, weil im ganzen Haus keine einzige Glühbirne funktionierte. Es war arschkalt, und ich lebte hier tatsächlich wie ein Vagabund.

Mit dem Startschuss musste Stefan in seiner Bäckerei einen wahren Ansturm bewältigen. Er war ja in Aschau bekannt, und offensichtlich wollte jeder wieder seine Backwaren genießen. Wir haben geschuftet wie die Blöden und an vielen Tagen wirklich 18 bis 20 Stunden in der Backstube gestanden, weil wir einfach nicht hinterhergekommen sind. Ein echter

Kraftakt, aber natürlich toll für Stefan. Ich bin spät am Abend rüber in meine Bude geschlurft, habe kurz die Augen zugemacht und war vier Stunden später wieder in der Bäckerei. In den drei Monaten habe ich kaum das Tageslicht gesehen, und deshalb ist Aschau für mich der Ort, in dem ich im Dunkeln angekommen und im Dunkeln auch wieder gegangen bin. Aber wie das so ist: In der dunklen Nacht leuchten die Sterne, und der hellste Stern, der am Aschauer Bäckerhimmel erstrahlte, war für mich das Brot, das ich mit Stefans Einverständnis mitgenommen habe und das heute in meinem Brotsortiment den Namen »Aschauer« trägt. Dieses geniale Brot wird in einer Mischung aus Roggenvollkornmehl, Weizen- und Dinkelmehl gemacht, was ihm einen einzigartigen Geschmack schenkt. Die Teigruhe über Nacht verleiht dem Aschauer eine ungleichmäßige Porung und sorgt auch für das interessante Farbenspiel der Kruste, die das Aschauer tatsächlich unverwechselbar macht. Diese Eröffnungsphase von Stefans Bäckerei war für mich unglaublich lehrreich und eine Riesenerfahrung, für die ich ihm sehr dankbar bin. Ich glaube aber auch, dass ich das nicht viel länger als die vereinbarten zwölf Wochen durchgehalten hätte, denn so eine hohe Schlagzahl geht wirklich an die physische Substanz. Der Vorteil war, dass ich vor lauter Arbeit weder Zeit noch Gelegenheit fand, um irgendetwas Extravagantes zu unternehmen, was meinem Kontostand ziemlich guttat und mir half, die nötigen Investitionen für meinen eigenen Laden zu stemmen. Ich habe das irgendwann mal runtergerechnet: Obwohl ich mit meinen 3 500 Euro richtig viel verdient habe, lag mein Stundensatz am Ende unter 10 Euro, aber das war es auf jeden Fall wert.

Stefan ist der beste Fachmann, den ich kenne, und auch heute noch rufe ich ihn an, wenn ich einmal mit meinem Latein am Ende bin. Noch viel wichtiger war es aber für mich zu sehen, mit welch einer Ruhe er sein Team geführt hat. Selbst wenn unter Hochdruck nicht alles rund lief, wurde es bei ihm nie laut. Und diesen Rat gab er mir mit auf den Weg: immer bedacht und ruhig zu bleiben, weil du sonst deine Unruhe und deinen Stress auf die Mannschaft überträgst und dem Team nur schadest. Für mich in der Anfangszeit in meiner eigenen Backstube leichter gesagt als getan, denn eine klare Betriebsführung, Gelassenheit und Routine, das alles lernt man erst mit den Jahren, durch Erfahrung. Als ich Aschau verließ, habe ich Stefan meine Matratze hinterlassen, die er noch einige Monate ab und an mal gut gebrauchen konnte. Auch er ist seiner Linie und seinem einzigen Laden treu geblieben, und ich kann sagen, dass seine Bäckerei für mich zu den ehrlichsten und besten im Land gehört.

In Bonn waren derweil die Umbaupläne nach meinen Vorstellungen angelaufen. Im hinteren Teil meines Ladens nahm meine Backstube Gestalt an. Sie wurde durch eine Glaswand samt gläserner Schiebetür vom Verkaufsraum abgetrennt. Im Hinblick auf die Transparenz dachte ich mir, wer ehrliches Brot backen will, der braucht auch nichts zu verbergen, und für meine Kunden ist es schön, uns heute beim Brotkauf auch mal für einen Moment in der Backstube zuschauen zu können. Auch glaube ich, dass es uns in der Backstube guttut, zu sehen, mit welcher Freude die Menschen unser Brot kaufen. Ich hoffte es jedenfalls! Bei einer Unternehmensgründung ist es ganz wichtig, fest an dein Vorhaben zu glauben und dich sowohl von Kritikern als auch deinen eigenen Zweifeln, die sich in manchen Momenten einstellen, nicht abbringen zu lassen. Allerdings ist es auch extrem wichtig, in deinem Umfeld Menschen zu haben, mit denen du dich offen und stets aufs Neue austauschen kannst. Menschen wie Volker Hansen etwa, der an mich geglaubt hat, mir aber auch immer wieder den nötigen Realismus eingeimpft hat.

Aus einem kleinen Wochenendbesuch bei meinem Onkel und meiner Oma im Schwarzwald entwickelte sich dann ganz unverhofft eine weitere Station meiner *Road to Bakery*. Die beiden wohnen eine knappe Stunde von Stuttgart entfernt. Da kam mir die Idee, doch auch mal in der Landeshauptstadt und bei der *Bäckerei Königsbäck* vorbeizuschauen, die damals auch im Finale von *Deutschlands bester Bäcker* gegen uns angetreten war. Damals in Berlin habe ich über das Königsbäck-Team nur den Kopf geschüttelt. Vater Aurelio Ingrassia und sein Sohn Francesco kommen, wie der Name schon sagt, aus Italien, und ich hatte den Eindruck, dass sie diesen Wettkampf um Deutschlands besten Bäcker gar nicht richtig ernst genommen haben. Die hatten einfach so viel Spaß in der Backstube, haben abends vor dem Hotel gesessen, ihre Zigarillos geraucht und die Zeit in Berlin richtig genossen. Und weil ich sie in meiner typisch deutschen Verbissenheit nicht sonderlich leiden konnte, bin ich automatisch davon ausgegangen, dass sie auch mir gegenüber keine großen Sympathien hegten. Königsbäck in Stuttgart ist aber eine tolle, biozertifizierte Bäckerei, die schon mehrfach für die besten Brezeln der Stadt ausgezeichnet wurde. Das hat mich interessiert, und ich wollte mir eigentlich nur mal einen kleinen Überblick über ihre Produkte verschaffen, ohne groß Kontakt aufzunehmen. Aber dann kam Francesco mit einem fröhlichen Lächeln auf mich zu, begrüßte mich herzlich, und wir hatten direkt ein sehr nettes Gespräch. Kurze Zeit später tauchte auch Papa Aurelio auf, sie zeigten mir ihre Backstube, und wir kamen so richtig ins Fachsimpeln. »Hast du nicht Lust, mal ein paar Tage bei uns mitzuarbeiten«, fragte mich irgendwann Francesco, und ich dachte, von der mir entgegengebrachten Freundlichkeit völlig überrascht, warum eigentlich nicht? In Bonn liefen die Umbauarbeiten weiter, notwendige Abstimmungen konnte ich auch aus der Ferne organisieren, also sagte ich für vier Wochen zu. Mit den Jungs zu arbeiten, war wirklich schön, und ich habe ihre italienische Leichtigkeit ein wenig besser verstanden. Ohne an dieser Stelle grob verallgemeinern zu wollen, muss man einfach sagen: Im Unterschied zu uns Deutschen sind Italiener wie Aurelio und Francesco echte Lebemänner. Sie nehmen ihre Arbeit schon sehr ernst, aber weil sie eigentlich immer davon überzeugt sind, das Beste zu machen, spüren sie vielleicht einfach nicht diesen Druck, immer noch besser werden zu müssen. Als ich ihnen von meinen Plänen erzählte, freuten sie sich und bestärkten mich in meinem Vorhaben, eine Bäckerei zu gründen, vielleicht nicht restlos überzeugt von meinem Brotkonzept, aber mit dem vollstem Vertrauen in meine Fähigkeiten. Mental half mir das unheimlich, immer ein paar mehr Menschen auf meiner Seite zu haben, und ich musste mir eingestehen, dass ich sie in Berlin völlig falsch eingeschätzt hatte, weil es mein eigener Blick war, den dieser Wettkampfmodus verzerrte.

Bei *Deutschlands bester Bäcker* waren wir Konkurrenten, heute verbindet mich mit Aurelio Ingrassia (links)und seinem Sohn Francesco (rechts) von Königsbäck in Stuttgart eine schöne Freundschaft.

Auch wieder eine kleine Lehre für mich, mit dem Urteil über andere vorsichtiger zu sein.

Eines Tages kam Aurelio mit einem neuen Rezept für ein Weißbrot in die Backstube und bat Francesco und mich, damit mal einen Backversuch zu machen. Laut Rezept sollte das Weißbrot mit reinem Hartweizengrieß gebacken werden, der sehr viel feiner vermahlen war. Daraus entsteht ein ganz anderer Teig, mit super starken Klebereigenschaften und einem ganz anderen Knetverhalten. Das Besondere an diesem Rezept war der mit über 50 Prozent sehr große Vorteiganteil, und ich dachte sofort, daraus könnte ich ein tolles Baguette für Bonn ins Leben rufen. Ich schlug Francesco vor: »Lass uns beide doch jeweils eine unterschiedliche Version testen.« Ich habe dann die Rezeptur verändert und den Grieß durch Weizenmehl ersetzt und ein sehr spitz zulaufendes Baguette geformt. Wir haben beide ein schönes Ergebnis erreicht, und weil Jochen Baier, einer der Lafer-Juroren gleich um die Ecke in Herrenberg wohnt, habe ich spontan mit ihm Kontakt aufgenommen. Er war im Übrigen auch der Freund, der mir den Rat gab, an den Max Kugel zu denken, der mir in fünf Jahren begegnen wird. Ich schätze sein Know-how und bin bei ihm vorbeigefahren, weil ich wissen wollte, was er zu meiner neuen Kreation sagt. Er gab mir ein paar gute Tipps, meinte, ich solle noch ein wenig Roggenmehl reinmischen, um den Weizen etwas zu schwächen und so ein runderes Aroma und einen kürzeren, also weicheren Biss zu erreichen. Aus dieser Kombination ist dann »Bonnette« entstanden, ein Baguette aus Bonn mit schwäbisch-italienisch-rheinländischen Wurzeln. Mit Aurelio und Francesco verbindet mich bis heute eine »grande« Freundschaft. Die wichtigste Erkenntnis für mich war bei ihnen aber tatsächlich etwas ganz anderes. Die beiden haben es geschafft, das Unternehmen gemeinsam auf Augenhöhe zu führen. Vater Aurelio gibt immer mehr Verantwortung an seinen Sohn Francesco ab und schenkt ihm die Zeit und den Raum, um sich zu entwickeln. Ein schönes Beispiel, wie ein Generationswechsel auch sehr harmonisch funktionieren kann. Auf italienische Art eben. »Mille Grazie« euch beiden und »ciao, ciao, auf bald«. Nach den vier Wochen in Stuttgart war es aber höchste Zeit, nach Bonn zurückzukehren. Ich wollte im August meinen Laden eröffnen, und es gab noch reichlich Arbeit zu erledigen, nicht nur was die Fertigstellung im Laden betraf, sondern vor allem mein Brot. Mein Sortiment war jetzt komplett, aber alle zusammen gebacken hatte ich sie noch nicht.

Ein Anfang und ein Ende

Anfang August 2017 waren die Umbauarbeiten endlich abgeschlossen, und genau am Ende des Monats sollte mein Laden eröffnen. Da war sie nun, meine eigene Bäckerei, noch ohne Brot und ohne Leben, aber genau so, wie ich sie mir immer vorgestellt hatte: Im hinteren Teil die Backstube, die ein paar Treppenstufen tiefer liegt und durch eine Glaswand vom Verkaufsraum abgetrennt ist. ›Guck uns bei der Arbeit zu und sei dabei, wenn wir dein Brot backen!‹ – das war die Idee der Offenheit und die Einladung, die ich an meine Kunden aussprechen wollte. Der Verkaufsraum im vorderen Teil des Laden gliedert sich in zwei Bereiche, vorne am Eingang die Verkaufstheke, wo zwischen dem Kunden und mir nur ein Holzbalken als Trennung dienen sollte. Ich wollte auch hier weg von der typischen Bäckerei, wo Kunde und Verkäufer durch einen riesigen Glasaufsatz und eine tiefe Theke voneinander getrennt werden.

Im Anschluss daran ein großer Holztisch, an dem die Leute einen Kaffee trinken, eine Stulle essen und mein Bot genießen sollten. Den Tisch haben Franz und ich mit Holz vom Bodensee selbst in seinem alten Schreinerlehrbetrieb gebaut. Genauso wie wir die Balken mit Hand geschliffen und die Holzelemente geleimt haben, auf denen das Brot präsentiert wird. Das Brot wird in meinem Laden direkt im Fenster präsentiert. Früher hatten alle Bäckereien sogenannte Schaufenster, wo sie ihre Waren präsentiert und die sie am Wochenende schön dekoriert haben. Das ist über die letzten Jahrzehnte verschwunden. Franz meinte aber zu mir: »Lass uns das wieder aufgreifen, denn es ist die beste Möglichkeit, die Menschen einzufangen!«

Meine Bäckerei im Bonner Talweg

Und damit sollte er Recht behalten. Ein volles Fenster, eine gute Warenpräsentation und eine schöne Anordnung sind aus meiner Sicht ausschlaggebend für einen erfolgreichen Abverkauf unserer Brote.

Die Wände und Decken hatte ich in dieser aus Vancouver inspirierten, anthrazit-blauen Farbe streichen lassen, und da, wo der große Tisch stand, schmückte eine aus weißen Outlines stilisierte Zeichnung einer Weltkarte, auf der alle Orte markiert sind, die ich bereist und in denen ich auf meiner *Road to Bakery* gelebt und gearbeitet habe, die Wand. Das alles waren für mich Quellen der Inspiration, um Erfahrungen und Ideen zu sammeln, die mir geholfen haben, mein Handwerk so zu leben und meine Bäckerei so zu gestalten, wie ich es in unterschiedlichen Ländern und in der Begegnung mit unterschiedlichsten Menschen kennen und schätzen gelernt hatte. Außerdem wollte ich vor allem den jungen Menschen zeigen, was mit unserem Handwerk alles möglich ist. Es gibt dir die Möglichkeit, überall auf der Welt Fuß zu fassen und zu arbeiten. Denn deutsches Handwerk wird in vielen Ländern mit Kusshand empfangen.

Was meine Kalkulation betraf, hatte ich alles genau durchgerechnet: Ich hatte Sebastian und Ben als Bäcker eingestellt, und den Verkauf wollte ich zunächst selbst übernehmen. Wenn ein Kunde in den Laden kommt, gehe ich eben fix nach vorne, verkaufe ihm unser Brot und komme dann wieder runter in die Backstube. So meine Theorie. Nach meiner Berechnung müsste ich etwa 200 Brote am Tag verkaufen und dazu am

Der Eröffnungstag in meiner Bäckerei. Den Bonnern hat mein Brot offensichtlich vom ersten Tag an geschmeckt, und sie wollten mehr davon, viel mehr.

besten noch rund 20 Kaffee oder Eistee, den ich selbst herstellte. Am 20. August, meinem 27. Geburtstag, stand ich noch in Lahnstein in unserer alten Backstube und kochte Pflaumenmus, denn auch davon wollte ich ein paar Gläser für 2,95 Euro das Stück verkaufen, damit meine Rechnung am Monatsende aufging. Hier in unserer Familienbackstube, wo meine Bäckerkarriere als Siebenjähriger begonnen hatte, habe ich dann mit Sebastian und Ben auch die Brote für meine neue Bäckerei zweimal zur Probe gebacken, um zu testen, ob sie funktionieren und um ein Gefühl für die Abläufe zu bekommen. Das Ergebnis war einigermaßen zufriedenstellend, aber auch durchaus ausbaufähig. Die Zeit für einen dritten Durchlauf hatten wir nicht mehr, denn in nicht einmal einer Woche würde es losgehen. So eine neue Bäckerei ist ja wie ein neues Zuhause. So frisch eingerichtet sah sie für meinen Geschmack wunderschön aus, aber ich wusste noch nicht, wie die Abläufe funktionieren, wenn sich die Backstube mit Leben füllt. Papa hatte mir noch gesagt: »Denk auch mit daran, dass dir gerade in den ersten Wochen jeden Abend eine Menge Brot übrig bleiben wird, weil es seine Zeit dauert, bis es sich rumspricht.« Aber er drückte mir natürlich die Daumen für einen guten Start. Was dann am Eröffnungstag passierte, hätte selbst der größte Optimist nicht für möglich gehalten.

Es war ein Donnerstag, und die erste Nacht und alle Abläufe funktionierten so weit ganz gut. Harald und Franz unterstützten mich an meinem ersten Tag, damit ich auch Zeit hatte, um mit dem ein oder anderen Kunden ins Gespräch zu kommen. Meine Eltern und viele meiner Freunde kamen vorbei, und wir wurden mit dem Aufschließen der Ladentür ab dem ersten Moment förmlich überrannt. Mein schöner Plan, ab und an aus der Backstube nach vorne zu kommen, um ein Brot zu verkaufen, gehörte schon nach wenigen Minuten der Vergangenheit an, und nach rund drei Stunden war unsere Ladeneröffnung gelaufen: Wir waren ausverkauft! Schon am zweiten Tag musste ich Sarah, eine ehemalige Aushilfe meiner Eltern, die mittlerweile in Bonn wohnte, zu Hilfe holen, weil der Andrang einfach zu groß war. Ein großes Glück. Nicht nur die Nachfrage habe ich komplett unterschätzt, sondern auch, was es für mich bedeuten sollte, einen eigenen Laden zu haben. Mein Job war plötzlich, Dienstleister zu sein und den Leuten mein Brot zu verkaufen. Gefühlt habe ich tausend Mal am Tag das Gleiche erzählt. »Hallo, guten Tag, ja das ist ein Brot aus 80 Prozent Roggenvollkorn, dieses ist ein Weizenbrot, ja genau mit Sauerteig, wir verarbeiten nur Biogetreide, vielen Dank und auf Wiedersehen.« Vier Wochen später habe ich mit Sandra eine Verkäuferin fest eingestellt, weil ich merkte, dass ich nicht mehr in die Backstube komme. Mit ihr an Bord konnten wir die Mengen hochschrauben und mehr backen. Trotzdem waren wir täglich ausverkauft, und die ersten Leute fingen an zu mosern: »Wie kann das sein, dass ihr um 17 Uhr kein Brot mehr habt?« Und dann stehst du da als unerfahrener Typ und siehst, wie sie richtig sauer werden, und du denkst, okay, wir müssen mehr backen. Ich hatte in diesen ersten Wochen manchmal Tränen in den Augen, nicht aus Freude über den Erfolg, sondern aus totaler Überforderung. Denn selbst wenn du in einer Bäckerfamilie groß wirst und alles um dich herum schon mit den ersten

Atemzügen inhaliert hast, begreifst du dennoch alles erst richtig, wenn du am eigenen *Laib* spürst, was es heißt, selbstständig zu sein. Es gab in diesen Tagen tatsächlich Momente, wo ich dachte, ich will nicht mehr, und wenn jetzt einer kommt und mir die Kohle auf den Tisch legt, die ich in meine Bäckerei investiert habe, dann verkaufe ich sofort.

Wenn ich heute Bilder von den Broten aus unserer Anfangszeit sehe, dann denke ich, die würde heute keiner mehr kaufen. Die Brote sehen für mich einfach nicht schön aus, zu kleines Volumen, zu reif, zu kompakt. Die Bilder zeigen aber auch die Entwicklung, die wir bis heute mit unseren Broten und auch mit unserem Wissen, dieses Brot zu produzieren, genommen haben. Aller Anfang ist bekanntlich schwer, und wie bei einem Kind, das gerade anfängt, alleine zu laufen, standen auch wir zunächst auf leicht wackeligen Beinen, und es brauchte seine Zeit, um Stabilität und Sicherheit zu gewinnen. Trotzdem hat den Bonnern unser Brot ganz offensichtlich vom ersten Tag an geschmeckt, und sie wollten mehr davon, viel mehr. Weil die Nachfrage so riesig war, habe ich noch einen Kühlschrank organisiert, weitere Aushilfen und Jelena in unser Team aufgenommen, die später einmal meine erste und einzige Auszubildende sein sollte. Dann haben wir die Mengen verdoppelt. Irgendwann waren wir bei 500 Broten am Tag, weil ich meine Kunden nicht verärgern wollte und sie am Ende womöglich woanders hingehen. Aber es reichte immer noch nicht. Ich habe morgens gebacken, dann verkauft und abends die Kasse gemacht. In der Nähe meiner Bäckerei hatte ich eine Ein-Zimmer-Wohnung, da lag einfach

Hochbetrieb in der Backstube: Die Eröffnungsphase meiner Bäckerei war für uns alle ein echter Stresstest.

alles rum. Keine Zeit zum Aufräumen. Wenn ich am Abend nach Hause kam, habe ich mein Zeug in die Ecke geworfen, eine Schüssel Müsli gegessen und geschlafen. Die Müslischale blieb ungespült auf dem Tisch stehen, denn sechs Stunden später brauchte ich sie wieder – dann rein in die Klamotten und zurück in die Backstube.

Die ersten drei Monate waren, glaube ich, die härteste Zeit meines Lebens. Natürlich war es cool zu sehen, wie die Tagesumsätze stiegen und wir immer neue Umsatzrekorde knackten. Ich hatte noch nie zuvor so viel Geld in den Händen gehalten. Es gab für mich auch keine Referenz für so einen Brotladen, an der ich mich umsatzmäßig hätte orientieren können. Harald und Franz hatten noch gesagt: »Du wirst am Anfang sicher mehr verkaufen, weil die Leute neugierig sind, aber dann pendelt sich das auf einem etwas niedrigeren Level ein.« Jetzt war ich in einer Situation, wo die Leute immer mehr wollten. Also was tun? Noch eine Kühlung kaufen? Noch ein Mitarbeiter mehr im Verkauf? Noch ein Bäcker in der Backstube? Und dann irgendwann noch ein neuer Laden? Neuneinhalb von zehn Bäckern würden sagen, »ja, das machen wir«. Ist doch toll, wenn wir nicht nur das Doppelte, sondern auch das Dreifache backen und verkaufen können. Aber damals wie heute ist Expansion für mich keine Option. Anfang des Jahres hatte ich bei Stefan Greimel in Aschau die Bäckereieröffnung ja miterlebt, aber das hier war eine andere Nummer. Stefan war bekannt in Aschau, und ich hätte im Leben nicht gedacht, dass ich als Neuankömmling in Bonn mit meiner Eröffnung einen ähnlichen Run auslösen würde.

Außerdem hatte ich in Aschau nur für drei Monate zugesagt und wusste selbst im größten Turbostress immer, bald bist du wieder raus aus dieser Mühle. Jetzt aber war ich in meinem eigenen Mühlrad gefangen.

Ich war ein junger, unerfahrener Kerl, der auf einmal merkte, dass er genau in diesem Hamsterrad gelandet war, in dem ich alle meine früheren Chefs gesehen hatte. Du tust Dinge, nicht weil du sie willst, sondern weil du zu ihnen gezwungen wirst. Du backst mehr Brote, nicht weil du das brauchst, sondern weil deine Kunden es von dir verlangen. Ich bin in einem Familienunternehmen groß geworden und habe von Kindesbeinen an gesehen, was es heißt, wenn quasi rund um die Uhr gearbeitet wird. Aber erst jetzt habe ich verstanden, warum mein Vater morgens nie gelächelt hat und alle so fokussiert und oft schlecht gelaunt waren. Ich konnte es plötzlich viel besser verstehen, weil ich jetzt im selben Boot saß. Vier Wochen nach meiner Eröffnung bin ich nach Hause gefahren und habe mich bei meinem Papa für vieles entschuldigt, was ich ihm die letzten Jahre vorgeworfen hatte. Ich konnte anfangs auch gar nicht mit dem enormen Druck umgehen, der auf mir lastete. Ich hatte kein Ventil. Und auch wenn Stefan mir in Aschau seinen Rat, meinen Druck nicht bei anderen abzulassen, wärmstens ans Herz gelegt hatte, gab es Momente, in denen ich Ben und Sebastian übel angebrüllt und den Teig durch die Backstube gefeuert habe, wenn mir irgendwas nicht gepasst hat. Denn in meinem Kopf war immer der Gedanke: Du musst die Kunden zufriedenstellen, und dafür brauchst du jedes Brot.

Wenn ich heute daran zurückdenke, kann ich froh sein, dass meine Jungs am nächsten Tag wieder in der Bäckerei am Start waren. Ich hätte es ihnen wirklich nicht verübeln können, wenn sie einfach gesagt hätten: »Tschüss Max, du kannst mich mal.« Haben sie glücklicherweise nicht. Sie haben versucht, Verständnis zu zeigen, und haben mir bedingungslos zu Seite gestanden. Ohne die beiden, die die ersten sechs Wochen jeden Tag 16 Stunden mit mir in der Backstube gestanden haben, hätte das alles nicht geklappt. Die Bäckerei *Max Kugel*, das war von Anfang an nicht nur ich. Das waren immer wir! Und dafür werde ich den beiden ewig dankbar sein.

Der Laden lief im wahrsten Sinne wie geschnitten Brot, und mein Alltag entwickelte sich zu einem eintönigen Muster: aufstehen, Müsli essen, backen, verkaufen, Kasse machen, Müsli essen, schlafen. Samstags, wenn das Wochenende anstand, bin ich ins Bett gefallen und habe bis Sonntagmittag durchgeschlafen. Und obwohl unser Laden ja Sonntag und Montag geschlossen war und meine Bäcker frei hatten, musste ich ja am Sonntag wieder Sauerteige und Poolish ansetzen und am Montag die Teige für den Dienstag kneten. Ich weiß noch, dass in meiner Bude irgendwann zwei Fünfziger auf dem Boden lagen, die mir wohl aus der Tasche gerutscht waren. Die lagen da mindestens eine Woche, und ich bin morgens daran vorbeigelaufen und am Abend wieder. Ich hatte keine Kraft, sie aufzuheben, und auch keinerlei Interesse. Die Scheine waren mir völlig egal. Was hätte ich denn damit machen sollen? Mein Leben bestand nur noch aus Arbeit. Ich konnte das Geld nicht ausgeben. Ich hatte ja keine Zeit.

Jetzt mag es vielleicht einige geben, die denken, was jammert der Typ hier eigentlich rum. Es gibt viel Schlimmeres, als so erfolgreich in die Selbstständigkeit zu starten. Das mag stimmen, und ich weiß auch nicht, wie ich mich gefühlt hätte, wenn in dieser Anfangsphase die Hälfte meiner Brote liegen geblieben wäre. Aber auch ein Monstererfolg kann deine Träume in Trümmer legen. Ich hatte in die Idee meiner Bäckerei so viel Detailarbeit investiert, in alles, was dazugehört: Unternehmer zu sein, welche Gerätschaften und Technik ich brauche, wie mein Laden vom Parkett bis zur Wandfarbe aussehen soll, welche Brote ich backen will oder wie die Texte klingen, die sie beschreiben sollen. Das war ein extrem kreativer Prozess, der mich unheimlich beflügelt hat. Und dann kam der 31. August, an dem ich meine Ladentür aufschloss und von heute auf morgen dieser Typ war, der morgens backt und hundert Mal am Tag das Gleiche erzählt. Ganz ehrlich: Obwohl uns alle gefeiert haben, konnte ich mir selbst irgendwann nicht mehr zuhören und mich daran erfreuen. Ich war ganz einfach nicht mehr selbstbestimmt, sehnte mich nach meiner Freiheit zurück und habe mich immer häufiger gefragt, wie ich aus dieser Nummer wieder rauskommen würde. Die zwei Fünfziger auf meinem Fußboden waren für mich zu einem Symbol dafür geworden, dass ich etwas ändern musste. Glücklicherweise kam ich zeitgleich auch an den Punkt, wo mir auch meine Räumlichkeiten in der Backstube gesagt haben: Es geht nicht mehr. Ich hatte einfach keinen Platz, um noch einen Kühlschrank aufzustellen und noch mehr Mehl zu lagern. Wäre es anders gewesen und ich hätte vielleicht noch 50 Quadratmeter mehr in meinen Nebenräumen gehabt, ich hätte wahrscheinlich einfach so weitergemacht, ganz einfach, weil meine Kunden sich das so gewünscht haben und ich in diesem Tunnel gefangen war.

Nach und nach wurde mir klar, ich komme aus diesem Stress nur raus, wenn ich eine Struktur in meiner Bäckerei habe, die es mir erlaubt, auch einmal auszubrechen und in meine Work- auch eine Life-Balance einzubauen. Ich musste lernen, mehr Verantwortung abzugeben. Letzteres ist überhaupt nicht leicht. Ich hatte meinen Vater erlebt, der immer alles alleine gemanagt hat, und auch die anderen Chefs, bei denen ich gearbeitet habe, taten sich immer schwer mit diesem Thema. Im Rückblick habe ich mir viele Eigenschaften von all den Menschen angeeignet, die mir auf meinen Lehr- und Wanderjahren begegnet sind und mit denen ich gearbeitet habe. Sie alle haben mich geprägt, mit ihren Stärken und teilweise eben auch mit ihren Schwächen. Aber genau diese ganz unterschiedlichen Einflüsse, die guten wie die schlechten Erfahrungen, waren für mich der Schlüssel, mich vielseitig zu entwickeln, die Komplexität des Backens zu verstehen und Schritt für Schritt das Selbstbewusstsein aufzubauen, das es mir heute ermöglicht, genau der Bäcker zu sein, der ich sein will. Alles braucht seine Zeit, um zu reifen – das gilt für den Teig wie für den Menschen.

Jetzt war ich eben derjenige, der die Verantwortung für meinen Laden, für meine Mitarbeiter und auch alles andere tragen musste, aber ich habe auch deutlich gespürt, dass ich etwas ändern musste, damit ich selbst nicht kaputt gehe. Auch das konnte ich so kurz nach der Eröffnung meiner Bäckerei nur erkennen, weil ich auf meinen Stationen zuvor, so einige Chefs und Bäckereibesitzer erlebt hatte, die fix und fertig waren oder auf dem besten Weg dahin. Verantwortung zu teilen heißt, Vertrauen in deine Mitarbeiter aufzubauen. Wenn ich mich selbst entlasten wollte, dann musste ich die anderen wachsen lassen, im Verkauf und in meiner Backstube. Nach den ersten Wochen im Dauerstress habe ich den Anfang dafür gemacht und alle zwei Wochen von samstags nach der Arbeit bis Sonntagabend frei gemacht. 24 Stunden abschalten, was mir wieder etwas Luft und Raum zum Atmen und Denken gegeben hat. Das konnte ich sogar noch steigern, als ich im November 2017 spontan bei Jimmy Griffin anrief und ihn fragte, ob ich für eine Woche bei ihm vorbeikommen könne. Jimmy lud mich hocherfreut ein, und ich machte mich auf den Weg nach Irland. Jimmy ist ein Bäckermeister in sechster Generation und lebt in Galway. Genau wie ich ist er in einem Familienbetrieb aufgewachsen und hat mehr als drei Jahrzehnte Erfahrung. Er hat einen Master in neuer Produktentwicklung und kulinarischer Innovation. Er unterrichtet Bäckereistudenten an der School of Culinary Arts and Food Technology, an der Technischen Universität Dublin. Für Irland nahm er dreimal an den Europameisterschaften des Bäckerhandwerks teil und wurde 2016 zum Präsidenten der Jury des Coupe du Monde de la Boulangerie in Paris ernannt, der Weltmeisterschaft der Bäcker. Auch über das Backen hinaus ist Jimmy Griffin ein echter Tausendsasa – Judo-Lehrer mit schwarzem Gürtel, Tauchlehrer und lizenzierter Pilot. Ich konnte bei ihm zu Hause in einem der Kinderzimmer übernachten, wir standen zusammen in seiner Backstube und haben uns natürlich übers Backen ausgetauscht. Er hat mir unter anderem sein »Kongabread« gezeigt. Das ist ein Weizensauerteigbrot, das über zwei Meter lang ist und zum Garen wie eine Wurst in ein Bettlaken aufgerollt wird. Beim Tauchen wurde Jimmy einmal von einem Kongofisch in die Backe gebissen, so kam er auf die Idee für dieses Brot, das ich später zweimal zu Weihnachten gebacken habe. Die Woche war super entspannt, denn Jimmy hat sich wirklich Zeit für mich genommen. Das fand ich sehr bemerkenswert, denn wir waren ja nun keine dicken Kumpel, sondern hatten uns auf diesem Bäckerseminar kennengelernt. Aber Jimmy ist ein ähnlicher Typ wie Volker, mit der gleichen Gelassenheit und mit einem väterlichen Blick. Er konnte mich und meine aktuelle Situation vollkommen verstehen und nachvollziehen. Gleichzeitig hat er mir auf seine lockere irische Art vermittelt, dass ich in diese Rolle hineinwachsen werde und dass mit der Zeit auch die Routine einkehrt. Vielleicht bringen die Inseln, auf denen die beiden leben, ja diese Mentalität mit sich.

Er lud mich dann auch zu einem kleinen Rundflug mit seiner Cessna ein und hat mir an einem wunderschönen Tag die Küsten Irlands von oben gezeigt. Wirklich sensationell. Auch das ist das Tolle an unserem Handwerk. Du findest immer diejenigen, die ähnlich denken oder die gleichen Ansätze verfolgen wie du, und es braucht keine lange Anlaufzeit, um sich zu verstehen. Da wir uns alle für das Gleiche begeistern, kann die Welt gar nicht groß genug sein – wir kommen überall zusammen, wenn wir das wollen. Am letzten Abend tranken wir in Jimmys Lieblingspub noch einige Biere, und Jimmy erzählte

Bei Jimmy Griffen in Galway, Irland. Jimmy ist ein Meister seines Fachs und hat mit mir sein legendäres »Kongabread« gebacken.

mir, dass in diesem Pub das Video zum Song »Galway Girl« von Ed Sheeran gedreht wurde. Als wir uns den Clip auf dem Handy anschauten, sagte er: »Schau, du sitzt gerade genau auf seinem Stuhl.« Die Woche mit Jimmy hat mir wahnsinnig gutgetan, und ich kehrte deutlich entspannter zurück nach Bonn. Ich hatte einen glücklichen Bäcker getroffen, der es geschafft hatte, für seine Arbeit und sein Leben ein Konstrukt zu bauen, das für ihn passt und ihn einen selbstbestimmten Menschen sein lässt. Das hat mir Mut gemacht und Zuversicht geschenkt, auch für mich die Dinge auf die Reihe zu kriegen. Heute gibt es die Bäckerei von Jimmy nicht mehr, denn er ist nur noch als Lehrer seiner Backkunst unterwegs.

Ungefähr nach einem halben Jahr kam Harald, der Ladenbauer, bei mir vorbei und erzählte mir, dass ihn ein Investor angesprochen hätte, der mir gerne meinen ganzen Laden inklusive aller Rechte abkaufen möchte. »Das ist ein Bäcker aus der Nähe, und er bietet eine richtig gute Summe.« Wir saßen an dem großen Holztisch im Laden, der inzwischen rausgeflogen ist, weil wir mehr Platz für meine Mehlsäcke brauchten. Nach Haralds ersten Worten musste ich erst einmal schmunzeln, weil ich mir genau das in einem finsteren Moment der Überforderung ja selbst einmal gewünscht hatte. Jetzt aber, und bei Licht betrachtet, sagte ich ihm: »Harald, das ist für mich absolut keine Option.« »Aber hör dir das doch erst einmal an«, fing Harald zu argumentieren, »der will den Laden haben, dein Konzept und die Marke. Und wir müssen ja auch nicht erzählen, dass er dir jetzt 'ne Million bietet, wir können ja sagen, in Lahnstein baut deine Familie gerade eine neue

Backstube, und du hast dann doch gemerkt, dass du wieder nach Hause willst, weshalb du dich entschieden hast, deinen Laden aufzugeben.« Ich dachte nur, wie funktioniert eure kranke Welt eigentlich und was ist das für eine Story, wo es am Ende doch nur ums Geld geht. »Noch mal Harald, wer auch immer das sein soll, ich habe kein Interesse.« Aber Harald ließ nicht locker. »Okay«, sagte er, »aber ich habe auch einen anderen Investor, und wie wäre es denn, wenn wir deine Marke und dein Konzept jetzt in jede größere Stadt transportieren. Nach *Max Kugel* in Bonn, kommt dann *Max Kugel* in Köln, in Berlin, in Hamburg oder München. Und dann überlegst du dir nur noch, wo du im nächsten Jahr Urlaub machen willst, auf Mauritius oder den Seychellen.« So in diesem Stil hat er argumentiert, legte mir dann auch noch 100 Euro auf den Tisch und meinte: »Hier, der steht symbolisch für dieses Invest!« Wir saßen im Laden, und hinter uns standen die Leute Schlange, um ihr Brot zu kaufen. Hier merkt man auch wieder, wie grün ich hinter den Ohren war, so ein heißes Thema mitten im Laden und vor Publikum zu besprechen. Heute kann ich über diese Szene lachen. Ich legte die Hand auf seinen Schein und schob das Geld zu ihm zurück. »Jetzt ist gut Harald, nimm bitte sofort die Kohle vom Tisch.« Ich wusste nicht, wer der Investor war, aber es war mir auch egal. Ob Harald oder auch andere, die mir später ähnliche Angebote gemacht haben, sie verstanden einfach nicht, worum es mir ging und bis heute geht. Und deshalb habe ich es auch Harald noch einmal sehr freundlich, aber ganz deutlich erklärt: »Bei allem Respekt vor deinem Angebot, aber ich möchte *Max Kugel* weder von dir noch von sonst irgendjemandem zu dem machen lassen, was

ihr selbst heute nicht mehr haben wollt. Nämlich eine Ketten-
bäckerei. Keine von denen hat schon groß angefangen. Sie waren alle einmal klein und hatten eine schöne Qualität in ihren
Produkten. Und dann kamen immer Leute wie du oder auch
die Kunden, die ihnen erzählt haben, wie toll sie sind und dass
sie doch noch einen Laden eröffnen sollen und dann den
nächsten. Irgendwann sind sie dann groß, aber erreichen ihre
Qualitätsstandards nicht mehr und werden dann dafür von
den gleichen Leuten angeprangert, die ihnen damals gesagt haben, du musst wachsen und noch mehr Kunden glücklich machen. Ich hoffe du verstehst, warum ich darauf keinen Bock
habe.« Er hat es verstanden und schmunzelte: »Du bist schon
ein echt besonderer Typ« Seit diesem Tag haben wir über das
Thema nicht mehr gesprochen. »Adieu«, du großes Geld.

Ich habe nach diesem Gespräch noch einmal gemerkt, wie gut
mir Irland getan hat und wie wichtig die Freiräume sind, die
ich mir ab und an schaffe, um mir meine Freude und Motivation zurückzuholen. Auch die Reisen, die wir in unseren Win-
ter- oder Sommerferien machen, sind dafür Gold wert. So
konnte es für mich also weitergehen mit der Selbstständigkeit.
Aus den gleichen Gründen, mit denen ich Haralds Investment
abgelehnt habe, habe ich vor gut einem Jahr auch das Angebot
des Caterers von Deutschlands größter Airline ausgeschlagen,
die mein Brot in ihrer First und Business Class servieren wollte.
Diese Anfrage war absolut die krasseste, die ich in der kurzen
Zeit meiner Selbstständigkeit bekommen habe. Mein Brot in
der Luft, und das durch ganz Europa! Die Vorstellung, dass
Brot dort oben richtig knusprig und schmackhaft aufzuba-

cken, die war zwar schon sehr reizvoll, denn das wäre eine Herausforderung gewesen, die so bisher noch keiner geschafft hatte. Und das wäre der auch einzige Grund für mich gewesen, es zu versuchen. Ganz sicher wäre es auch ein ziemlich lukratives Geschäft gewesen, aber ich hätte dafür an zwei Standorten in Deutschland so große Mengen produzieren, die von mir unerwünschten Backmittel einsetzen und so viele Kompromisse eingehen müssen, dass ich am Ende im wahrsten Sinne meine Idee von Brot und Handwerk verraten und verkauft hätte. Und noch einmal: Auf Wiedersehen, du großes Geld!

Bei all den Bäckereien, die immer größer werden, frage ich mich oft, ob das eigentlich ein bewusster Prozess ist oder ob sie irgendwann in einer Dynamik und einem Kostenapparat drinstecken, den es zu bedienen gilt. Und das funktioniert dann nur noch über maximale Auslastung, wenn überhaupt. Diesen Zusammenhang versuche ich auch immer wieder, einigen meiner Kunden zu vermitteln, wenn sie verärgert sind, weil wir mal wieder über Social Media gepostet haben, dass wir leider ausverkauft sind und dann diese Feedbacks kommen: »Schon wieder kein Brot? Backt doch einfach mal ein bisschen mehr.« Ich versuche ihnen zu erklären, dass sie sich mit dieser Forderung langfristig keinen Gefallen tun, denn Qualität ist eben begrenzt. Glücklicherweise verstehen es die meisten, nehmen es gelassen und kommen einfach am nächsten Tag. Manchmal hilft mir der Vergleich mit einem Sternerestaurant, zu dem es in unserer Arbeitsweise einige Parallelen gibt: Wie in der Sterneküche verwenden auch wir deutlich bessere Rohstoffe als ein konventioneller Bäcker, weil die die Grundlage für ein gutes Brot sind. Und auch in unserer Backstube, die ähnlich klein und eng ist wie die Küchen vieler Sterneköche, dreht sich alles nur um eines: das denkbar beste Endergebnis zu kreieren. Es kann manchmal Wochen dauern, bis die Gäste in einem angesagten Sternerestaurant einen Tisch reservieren können, was in der Natur der Sache liegt, weil hohe Qualität nur in begrenztem Umfang machbar ist, was bei hoher Nachfrage lange Wartezeiten zur Folge hat. Dieses natürliche Limit gibt es auch in meiner Backstube, wenn ich meinem Anspruch treu bleiben will und meine Kunden ein wirklich gutes Brot genießen sollen.

Die Basis für ein gutes Brot sind die Rohstoffe, aus denen es hergestellt wird. Ich habe mich dafür entschieden, mit Biomehlen und ohne Zusatzstoffe zu arbeiten. Nach einigem Suchen habe ich auch eine Mühle gefunden, die mir genau diese Rohstoffe liefert. Mit Monika Drax, der Mühlenchefin, stehe ich immer wieder im Austausch. Die Drax-Mühle arbeitet mit regionalen Lieferanten zusammen, rund 40 oder 50 Landwirten, die ihr Getreide in einem Umkreis von 50 Kilometern um die Mühle anbauen. Monika Drax kennt jedes Feld und jeden Bauern. Der Anbauprozess ist zertifiziert und wird ständig entsprechend kontrolliert. Im konventionellen Getreideanbau werden für einen maximalen Ertrag chemische Dünger und Pflanzenschutzmittel eingesetzt. Im Bioanbau wird deutlich mehr auf die Bodenvitalität geachtet und auf den Feldern mit unterschiedlichen Fruchtfolgen gearbeitet, also mal Roggen angebaut, mal Hafer oder Weizen, und die Felder werden in diesen Zyklen auch mal in Ruhe gelassen, damit sich die Böden erholen können. In enger Absprache mit der Mühle werden auch keine hochgezüchteten Hybridsorten angebaut, sondern wird schon beim Saatgut auf Bioqualität geachtet. Das Dinkelmehl, das ich aus meiner Mühle beziehe, ist zum Beispiel eine Ursorte, die nicht mit Weizen eingekreuzt ist. Das ist dann für den Bäcker etwas schwerer zu verarbeiten, weil dieses Mehl eine andere Teigstruktur hat, aber geschmacklich und vom Backergebnis her ist das eine völlig andere Hausnummer. Ein solches Naturprodukt ist immer wieder ganz natürlichen Schwankungen ausgesetzt. Von Feld zu Feld, von Charge zu Charge, aber vor allem von Ernte zu Ernte, die je nach Witterung des Anbaujahres stark variieren kann.

Ein Getreidekorn besteht aus einer äußeren Schutzhülle, dem Keimling und dem Mehlkörper. Wenn das Korn ausgereift ist, werden natürliche Enzyme aktiviert, die dem Korn signalisieren, dass es jetzt an der Zeit ist, für den Fortbestand zu sorgen, also auf den Boden zu fallen und den Keimprozess zu starten. Der Mehlkörper fungiert dann wie ein Startpaket, damit der Keimling Nahrung hat und wachsen kann. So weit kommt es auf den Feldern nie, da das Korn ja geerntet und zu Mehl verarbeitet wird. Die Enzymaktivität im Korn ist vor allem abhängig von der Witterung. Der letzte Sommer war sehr trocken, weshalb das Getreide deutlich früher geerntet wurde. In diesem Fall weist das Korn eine geringe Enzymaktivität auf. Verzögert sich dagegen die Ernte, weil es gerade in der letzten Wachstumsphase öfters regnet, sind diese Enzyme schon deutlich aktiver am Start. Diese Enzyme haben auch einen entscheidenden Einfluss auf die Teigherstellung. Bei einer geringeren Enzymaktivität springt der Sauerteig zum Beispiel später an, und auch der Gärprozess entwickelt sich anders. Wenn man mit einem reinen Naturprodukt und ohne alle Zusatzstoffe arbeitet, dann sind in besonderem Maß die Erfahrung und das handwerkliche Können des Bäckers gefragt, um diese Schwankungen auszugleichen. In konventionellen Bäckereien und in der Backindustrie wünscht man sich dagegen Mehl von der Stange, das immer die gleichen Backeigenschaften liefert. Weil eine Maschine nicht sensibel auf solche Veränderungen im Rohstoff reagieren kann oder der Bäcker sich die Arbeit erleichtern will, muss dann eben der Rohstoff, also das Mehl, an die Maschine angepasst werden. Ein maschinengängiger Teig darf nicht zu feucht und nicht zu klebrig sein, und um diese Prozesse optimal zu steuern, gibt es heute rund 250 technische Enzyme, die dem Mehl beigemischt werden können, ohne dass sie auf der Zutatenliste ausgewiesen werden müssen. Diese Enzyme optimieren die Teiggängigkeit, sorgen für schnellere Reifeprozesse, ein höheres Volumen und eine schöne Kruste. Gewonnen werden diese Enzyme heute auch aus gentechnisch veränderten Bakterien- und Pilzkulturen, und eigentlich weiß niemand so genau, wie sich diese Enzyme auf unseren Stoffwechsel und damit auf unseren Körper auswirken. Die Hersteller dieser Zusatzstoffe bestreiten natürlich alle negativen Folgen, aber auch die könnte man vielleicht mal von der Rheinbrücke ablassen, damit sie ihr Handeln im kalten Wasser überdenken.

Ohne all diese Zusatzstoffe bin ich als Bäcker gefragt, um mögliche Schwankungen beim Mehl wieder auszugleichen. Und das ist jeden Tag ein neues Abenteuer und manchmal extrem schwierig für mich auszutüfteln. Das ist vielleicht vergleichbar mit einem Künstler, der sich kurz vor seinem Auftritt fragt: »Verkack ich das jetzt hier mit meinen Songs vor 10 000 Leuten im Saal, oder funktioniert es?« Meine Musik ist die Brotqualität, und wenn die Tür morgens für die Kunden aufgeht, ist das für mich ein ähnlicher Moment, wie wenn der Künstler die Bühne betritt und der Vorhang sich öffnet. Ich jedenfalls verspüre diesen Druck noch immer, obwohl ich inzwischen gelernt habe, besser damit umzugehen. Mit dem Druck, die Erwartung der Menschen zu erfüllen, die in meinen Laden kommen, um ihr Brot zu kaufen. Bin ich da vielleicht zu verbissen? Da kann man womöglich unterschiedlicher Meinung sein, aber ich kann nicht anders: 100 Prozent oder nix, das war vom ersten Tag mein Anspruch, und so ticken wahrscheinlich auch die Künstler, die immer vor ausverkauftem Haus spielen.

Bei einem reinen Dinkel-, Weizen- oder Roggenbrot ist es für mich relativ einfach zu sagen, was ich tun kann, um die Mehlschwankungen zu korrigieren. Das back ich zwei, drei Mal, und dann bin ich wieder auf dem gewünschten Qualitätslevel. Schon ein Griff in einen neuen Mehlsack gibt mir ein erstes Feedback. Ist das Mehl eher klumpig, dann hat es viel Feuchtigkeit, und der Teig kriegt etwas weniger Wasser. Gerade beim Roggen fallen diese Schwankungen mit drei bis fünf Prozent am größten aus. Mehl ist tatsächlich ein sehr komplexes Thema, und ich muss mir schon im Vorfeld Gedanken machen, welche Temperatur der Teig heute braucht und wie lange er laufen muss. Das ist auch sehr viel Gefühls- und damit Erfahrungssache. Und die fängt schon an, wenn ich morgens das Haus verlasse und mich auf den Weg zur Backstube mache. Welche Temperatur haben wir heute, regnet es und ist somit die Luftfeuchtigkeit höher, oder wie sieht die Prognose für die nächsten Tage aus? Das alles sind Faktoren, die in einen Teig und die Brotqualität mit einfließen. Teige brauchen immer dieselben idealen Bedingungen, um zu reifen. Die Aufgabe von uns Bäckern ist es, diese mit dem Einfluss der Natur und dem Wetter in Einklang zu bringen. Bei den meisten Teigen ist das dank meiner Erfahrung eigentlich auch kein Problem.

Wenn ich aber, wie beim »Aschauer«, drei Mehlsorten habe, ist für mich die Anspannung immer besonders groß, wenn ich morgens das Kühlhaus aufmache und das Aschauer raushole, das dort über Nacht schon geformt liegt, um reifen zu können. Eigentlich hole ich es morgens nur aus der Kühlung, setze die Laibe aufs Band, schneide sie ein und schiebe sie in den Ofen. Aber kürzlich hatten wir wegen der neuen Mehlernte mit dem Aschauer echte Probleme, und weil es aus Roggen, Weizen und Dinkel besteht, fällt die Nachjustierung hier deutlich schwieriger aus. Wir haben eine Woche lang an kleinen Stellschrauben gedreht, aber nie das optimale Ergebnis erzielt. Das Volumen passte nicht, und die Krume riss von der Kruste ab. Dann gibst du vielleicht etwas weniger Wasser dazu und denkst schon, jetzt ist der Teig aber ganz schön fest, doch weil im Teig so viele Komponenten zusammenarbeiten, ist der Teig nach einer Stunde wieder weich. Weil wir nicht weitergekommen sind, habe ich irgendwann Fotos gemacht und sie samt Rezept an einen alten Hasen, nämlich Stefan in Aschau geschickt, der mir dann relativ schnell den entscheidenden Hinweis gegeben hat. Wir sollten bei allen Roggenbroten den Sauerteig deutlich reduzieren. Der Sauerteig bremst im Teig die Enzymaktivität, weil der Roggen aber aufgrund der warmen Witterung sowieso eine schwache Enzymatik hatte, sollten wir diese nicht noch zusätzlich stoppen. Das ist tatsächlich eine spürbare Folge des Klimawandels, dass man Roggenteige heute mit weniger Säure backen kann.

In meinem Kopf fangen in solchen Momenten die Gedanken zu rattern an: »Jetzt kriege ich seit einer Woche das Brot nicht so gebacken, wie meine Kunden es gewohnt sind. Und der eingefleischte Aschauer-Fan sieht schon anhand der Krume bei einem halben Brot im Fenster, wenn sie nicht so aussieht, wie er sie kennt.« Das sind die vielen kleinen Baustellen, an denen wir an jedem Tag arbeiten, um unsere Qualität hochzuhalten, denn wenn wir das nicht schaffen, ist es ganz schnell vorbei mit dem tollen Brot von *Max Kugel*.

Neben den Rohstoffen ist die Teigverarbeitung der wichtigste Faktor für ein perfektes Brotes. Entscheidend ist der Gärprozess, bei dem vereinfacht Folgendes passiert: Die Stärke im Getreide liefert den Zucker, der von den Enzymen, die im Mehl und in der Hefe vorkommen, in Kohlendioxid und Alkohol umgewandelt wird. Das Kohlendioxid sorgt im Backprozess für die Porung und dafür, dass das Brot sein Volumen erhält. Der Alkohol ist für die Aromabildung und eine schöne Krustenbildung zuständig. Proteine wie Gliadin und Gluten bilden das Teiggerüst und sorgen für die nötige Standfestigkeit. Im

Zusammenspiel mit weiteren Helfern wie den Milchsäurebakterien sorgt die Gärung also für die Säuerung, die Geschmacksbildung und Lockerung des Teiges. Die Zeit, die der Teig zum Reifen hat, ist auch entscheidend für die Bekömmlichkeit des Brots. In allen Getreidesorten sind beispielsweise sogenannte FODMAPs (fermentierbare Oligo-, Di- und Monosaccharide sowie Polyole) vorhanden. Das sind Zucker, die aus einem bis 14 Zuckermolekülen bestehen und im Dünndarm nicht gut verdaut und abgebaut werden können und deshalb im Dickdarm heftige Blähungen und Schmerzen verursachen können. Eine Studie der Universität Hohenheim hat deshalb die Gärzeiten von unterschiedlichen Getreidesorten untersucht und dabei festgestellt, dass die Teige bei allen Getreidesorten nach einer Stunde die höchsten Gehalte an FODMAPs aufweisen.[*] Und das ist das Problem, wenn den Teigen im industriellen Prozess vielleicht maximal eine Stunde Ruhezeit zugestanden wird. Denn nach viereinhalb Stunden Gehzeit waren selbst im Teig aus Brotweizen nur noch zehn Prozent der niedermolekularen Zucker enthalten. Die Studie kam zu dem Ergebnis, dass nicht die Getreidesorten selbst für die Bekömmlichkeit entscheidend sind, sondern vor allem die Art der Teigbereitung. Bei einer längeren Teigführung werden auch Phytate abgebaut, sekundäre Pflanzenstoffe, die die beiden Spurenelemente Eisen und Zink binden. Sind diese Phytate abgebaut, ist mehr Eisen und Zink für den menschlichen Körper verfügbar, zwei Spu-

---

[*] Ziegler, J.U., Steiner, D., Longin C.F.H., Würschum, T., Schweiggert R.M., Carle, R. (2016): Wheat and the irritable bowel syndrome – FODMAP levels of modern and ancient species and their retention during bread making; in: *Journal of Functional Foods* 25 (2016), 257–266, doi: 10.1016/j.jff.2016.05.019.

renelemente, die für ein funktionierendes Immunsystem wichtig sind. Das funktioniert bei der Lockerung mit Sauerteig sogar noch besser. Es zeigt sich also mal wieder: Die guten Dinge brauchen ihre Zeit, und das gilt in besonderer Weise auch fürs Backen.

Die Zeit ist der eine wesentliche Faktor, der andere ist Präzision. In der Backstube backen wir mittlerweile jeden Tag die gleichen Mengen Brot, und das bedeutet, dass auch die Abläufe, wann welcher Teig läuft und wann welche Sorte gebacken wird, jeden Tag gleich sind. Im Idealfall läuft das tatsächlich wie ein gut justiertes Uhrwerk ab. Was auch daran liegt, dass wir an unserem Brotsortiment seit Tag eins nichts verändert haben. Neun unserer zehn Sorten sind immer gleich, nur die Nummer zehn variiert, weil wir auch den Spaß und die Abwechslung brauchen, um immer mal wieder etwas Neues auszuprobieren und unseren Kundinnen und Kunden anzubieten. Hinter der variablen Nummer zehn steckt aber auch ein strategischer Gedanke. Ähnlich wie bei Restaurants gibt es auch in der Bäckerei die starken und die schwachen Tage. Bei uns sind die schwächeren Tage in der Regel Mittwoch und Donnerstag. Ganz einfach, weil die Leute sich zum Wochenende mit Brot eindecken und dann, weil wir am Montag geschlossen haben, am Dienstag wiederkommen, um frisches Brot zu kaufen. Also war für mich die Überlegung: Wie kann ich damit umgehen, weil wir ja außer Brot kein anderes Produkt anbieten? Die Nummer zehn ist eine Möglichkeit, damit zu spielen, also gibt es zum Beispiel am Mittwoch unser beliebtes Nussbrot. Dann kommen die Nussbrot-Fans, die sich vielleicht schon am Dienstag mit frischem Brot versorgt haben, auch am Mittwoch noch einmal vorbei und nehmen vielleicht auch noch ein Baguette mit, weil das gerade frisch aus dem Ofen kommt. Oder nehmen wir den Samstag, da machen wir als Brötchenersatz ein Bürli, auch ein Export aus der Schweiz, den man mit »Kleines Bauernbrot« übersetzen könnte. Das Bürli kann man leicht auseinanderbrechen und hat dann quasi vier Brötchen. Die Nummer zehn gibt mir die Möglichkeit, unser Sortiment mit etwas Vielfalt zu bereichern, Neues zu testen oder auch spannende Rezepte auszuprobieren, die ich von meinen Reisen mitbringe. Davon abgesehen ist es für mich aber ganz großartig, dass wir mit den anderen neun Broten immer noch unsere Kunden erreichen und glücklich machen können.

Ich starte morgens um fünf Uhr als Erster und bin dann ziemlich genau eine Stunde und 15 Minuten alleine. Das ist für mich die wichtigste und zugleich schönste Zeit am Morgen. So kann ich in aller Ruhe prüfen, wie die Teige über Nacht herangereift sind, und kann dann, sollte sich ein Teig nicht optimal entwickelt haben, mit meinem Team besprechen, was wir verändern sollten, um unsere Brote für den nächsten Tag wieder ein Stück besser zu machen. Um Viertel nach sechs kommen meine Bäckerinnen und Bäcker, und die wissen im Prinzip genau, was zu tun ist. Trotzdem habe ich immer einen Rundumblick, der wirklich extrem wichtig ist, denn ich muss mitkriegen, was um mich herum passiert. Das wissen alle, und vielleicht kommt es auch etwas kontrollmäßig rüber, aber es ist notwendig, nicht zuletzt, um bei Bedarf auch immer wieder

Hilfestellung zu geben. Ich kann schon verstehen, dass meine Jungs und Mädels mir nicht gerne sagen, wenn sie gerade einen Fehler gemacht haben, zumal sie vielleicht die Geschichten aus unserer Anfangszeit kennen, als ich hier öfter lautstark ausgetickt bin. Heute ärgere ich mich zwar auch über Fehler, und da nehme ich mich selbst nicht aus, aber in aller Regel können wir die Kuh vom Eis holen und die Sache im Nachgang mit der gebotenen Ruhe besprechen. Gerade der Umgang mit Fehlern ist ein wichtiger Lernprozess und die offene Kommunikation der beste Weg, Probleme zu lösen, statt sie zu vergrößern, weil man einen Fehler nicht zugeben kann.

Dazu ein Beispiel: Vor ein paar Jahren hatten wir von einem Teig plötzlich 500 Gramm zu viel. 500 Gramm scheinen auf den ersten Blick nicht sehr viel zu sein, aber genau da beginnt die Unschärfe und die Ungenauigkeit. Das Rezept muss eigentlich aufgehen, und wenn wir ein Pfund Teig übrig haben, dann wurde entweder zu viel Wasser geschüttet oder wir hatten noch Restteig im Kneter, der dann beim nächsten Teig mit untergerührt wurde. Beides kann passieren, ist aber nicht gut. In dieser Woche waren aber schon einige andere Arbeitsschritte in die Hose gegangen. Ich habe da eine gewisse Toleranz, aber irgendwann ist mir das auch zu blöd und als wir dann eineinhalb Kilo Vollkornteig übrig hatten, fragte ich meinen Teigmacher, was denn da los sei. Er meinte, es sei alles nach Rezept gelaufen, und ergänzte dann, »da war aber auch noch ein Rest Heinz im Kessel«. So wollte er mir den Teigüberschuss erklären, und ich dachte nur: Moment mal, jetzt will mich hier aber einer verarschen. Ich hatte den Teig für das Heinz selbst aus dem Kessel geholt und auf den Tisch gelegt, wo der Teig dann portioniert und in Brotform gebracht wird. Auch mache ich den Kessel in der Regel richtig sauber, und wenn danach der Teig für ein reines Roggenbrot geknetet wird, dann lasse ich bestimmt keinen Rest Mischteig im Kessel. In so einem Moment kann ich richtig sauer werden. Fehler machen wir alle, und sie sind verzeihbar. Aber es ist wichtig, diese Fehler möglichst rasch zu erkennen und sie sich auch einzugestehen, damit wir reagieren können. Deshalb muss ich an so einem Punkt auch klare Grenzen setzen, denn wenn wir anfangen, uns gegenseitig Märchen zu erzählen, haben wir ganz schnell ein massives Qualitätsproblem.

Wir haben früher in Lahnstein so ein Kastenbrot mit Körnern gemacht, das »Lahngold«. Das war wirklich immer richtig gut, und von diesem Brot haben wir jeden Tag 40 Stück verkauft, was für einen kleinen Bäcker schon richtig viel ist. Und irgendwann hat man angefangen, in dieses richtig gut laufende Kastenbrot den Restteig reinzuschmeißen, also Teiglinge, die nicht gebacken wurden. Manchmal die Kürbiskernbrötchen, manchmal Sonnenblumenbrötchen und manchmal beides. 40 Brote sind 40 Kilo Teig, und wenn dann an einem Tag fünf Kilo Restteig übrig waren, wurden nur 35 Kilo neuer Teig für das Kastenbrot produziert, was auch gerade noch gut und ohne großen Qualitätsverlust vertretbar war. Restteig ist im Grunde nämlich nur ein weiter fermentierter Teig und kann in gewissen Maßen auch zur Verbesserung des Aromas dienen. Aber irgendwann hat man da dann 15 Kilo Restteig reingehauen, und jeden Tag war es eine andere Mischung, mit unterschiedlichem Volumen oder wechselndem Aroma. Sukzessive wurde das Lahngold dann weniger gekauft, bis dieses ursprünglich tolle Brot plötzlich ganz verschwunden war. Der Grund, warum wir unsere neun unveränderlichen Brote auch noch nach fünf Jahren verkaufen, liegt in der Akribie und der Beständigkeit, mit der wir unser Körner-, Dinkel- oder Roggenbrot produzieren. Und wenn wir aufhören zu hinterfragen, warum wir einen Teigüberschuss haben, dann ist das der Anfang vom Ende.

Meine Müllerin hält mich für einen »Teigflüsterer«, weil ich so sensibel auf leichte Abweichungen in der Mehlkonsistenz und Qualität reagiere und sie, wenn sie dann andere Kunden nach ihrer Meinung fragt, meist hört, »kein Problem, das passt schon.« Auch meine Jungs und Mädels sind zuweilen sicher genervt von meinem Hang zur Perfektion, aber ich kann nicht anders. Wenn ich in meiner Backstube stehe, denke ich nicht darüber nach, was außerhalb passiert oder was ich am nächsten Wochenende unternehmen könnte, sondern bin voll und ganz im Hier und Jetzt bei meinem Brot. Im Grunde steckt dahinter ein ganz simpler Grundgedanke: Das Große und Ganze kann nur so gut sein wie jedes kleine Detail. Mal als Beispiel: Unser »Aschauer« kommt morgens als erstes Brot aus dem Ofen. Von dort werden die Brote zum Auskühlen auf Holzbretter gesetzt und in den Verkaufsraum getragen, wo diese Bretter dann in Metallschragen geschoben werden, die dort an der Wand hängen und die man ein- und ausklappen kann. Diese beweglichen Schragen verschieben sich natürlich schnell mal, wenn sie mit den Brotbrettern bestückt werden. Wenn ich dann sehe, dass die alle leicht versetzt im Laden stehen, dann denke ich sofort, hier kommen täglich hunderte Leute rein, was denken die dann, wenn unsere Regale nicht gerade ausgerichtet sind? Wahrscheinlich registrieren auch 90 Prozent unserer Kunden nicht, wie diese Metallregale an der Wand stehen, aber ich wünsche mir ein stimmiges Bild. Das ist für mich ein winziges Beispiel, um meinen Bäckern den Unterschied zwischen 100 und 80 Prozent zu erklären. Diese Kleinigkeiten sind für mich so extrem wichtig, dass ich sie immer wieder bei meinem Team und vor allem bei neuen Mitarbeiterinnen oder Mitarbeitern platziere.

Seit ein paar Monaten arbeitet jetzt Oli bei mir. Er ist 19, seine Eltern haben eine Bäckerei, in der auch viel Convenience-Produkte verarbeitet werden, und er weiß auch noch nicht, ob er den Familienbetrieb mal übernehmen will. Oli hat seine Ausbildung in einer Bäckerei mit fünf Filialen gemacht, und als er neulich mit mir zusammen am Tisch gearbeitet hat, meinte er irgendwann: »Das ist so krass hier, so viel Brot haben wir fünf Filialen nie gebacken, dabei ist das Brot ja hier nicht billig.« Ich habe ihm dann versucht zu erklären, dass »billig« oder »teuer« im Grunde nicht die Parameter sind, über die ich nachdenke. Unsere Produkte sollen preiswert sein, also im besten Sinne ihren Preis wert sein, und das funktioniert nur dann, wenn wir da alles an Kraft, Engagement und Können reinwerfen, um diesen Wert durch unsere Arbeit zu generieren. Dann nämlich sind unsere Brote nicht teuer, sondern »wertvoll«, also voll mit den Werten, für die wir mit unserem Handwerk stehen.

Oli ist echt auf Zack und hat wirklich großes Potenzial. Ich versuche ihn, wie alle Bäcker die bei mir arbeiten, handwerklich ein wenig zu formen und weiterzuentwickeln. Wenn sie mich wieder verlassen, dann sollen sie, egal für welchen Weg sie sich später entscheiden, eine solide Basis mitnehmen, auf der sie ihre eigene Bäckerkarriere aufbauen können. Ich wollte früher immer von den Besten lernen, und heute sollen sie von mir lernen, um irgendwann selbst zu den Besten zu gehören. Sie sollen diese Zeit der Ausbildung als eine Chance verstehen, in der sie nicht nur ihre beruflichen Fähigkeiten entwickeln können, sondern auch ihre Persönlichkeit und ihr Selbstbewusstsein, um irgendwann frei und souverän zu entscheiden, wie sie ihren Lebensweg gestalten wollen. Ganz unabhängig davon, was andere für richtig halten oder die eigenen Eltern erwarten.

Oli merkt oft intuitiv, wenn er irgendeinen Arbeitsschritt macht, der vor meinem kritischen Augen nicht bestehen würde, und korrigiert ihn schon, bevor ich etwas sage. Das zeigt mir, dass er hellwach bei der Arbeit ist und versteht, was ich mir vorstelle. In meiner Backstube gibt es im Grunde drei Posten: den Tisch, den Ofen und den Teig. Wenn eine neue Bäckerin oder ein neuer Bäcker bei mir anfängt und für ein Jahr bleibt, wechseln die Posten immer nach drei oder vier Monaten, eben dann, wenn sie die Abläufe auf ihrem aktuellen Posten richtig draufhaben. Oli ist jetzt gerade an den Ofen gewechselt, und er hat sich beim ersten Mal sehr umständlich angestellt, was völlig normal ist. Aber ich werde dann schnell ungeduldig, eine Eigenschaft, die ich von meinem Vater übernommen habe. Dabei weiß ich ganz genau, dass ich meinen

Leuten auch Zeit geben und es ihnen auf ruhige Art erklären oder zeigen muss, bis sie es gelernt haben. Dieser Ungeduld entgegenzusteuern ist ein Beispiel für meine Lernprozesse, an denen auch ich weiter arbeiten will und möchte, denn weder bin ich perfekt noch mit meiner eigenen Entwicklung am Ende. Weshalb man auch den selbstkritischen Blick nicht verlieren darf, weder bei der Arbeit noch sonst im Leben.

Damit die Brotkruste beim Backen an bestimmten Stellen aufreißt, werden einige Sorten der geformten Brotlaibe, bevor sie in den Ofen kommen, mit einer scharfen Rasierklinge eingeschnitten. Diese kleinen Schnitte müssen, was die Tiefe und Länge angeht, genau sitzen, weil das die Struktur und Optik der Kruste entscheidend beeinflusst. Ein kleiner Schnitt mit großer Wirkung, den Oli in seinen ersten Ofenwochen einfach nicht hinbekommen hat. Er hat die Klinge falsch gehalten und nicht tief genug eingeschnitten, weshalb ich ihn erst einmal mit einer Woche Schnittsperre für das Weizenvollkornbrot belegt habe, weil die falsch eingeschnittenen Brote eben nicht aussehen wie ein Max-Kugel-Brot. Jetzt kann er, wie ich damals bei meinem Vater, erst einmal mit den Augen lernen, wie es funktioniert. Ich erkläre ihm natürlich auch jeden Tag, worauf es ankommt, aber auch hier merkt man wieder, dass die Dinge ihre Zeit brauchen, bevor aus Zuhören und Zuschauen auch Richtig-gut-Machen wird. Ich hoffe und wünsche mir, dass es für Oli und alle anderen, die mit mir arbeiten oder gearbeitet haben, eine gute Erfahrung ist und sie ihre Wahrnehmung für all die vielen Details schärfen, die unser Brot zu etwas Besonderem machen.

Meine Aufmerksamkeit fokussiert sich aber nicht nur auf die Backstube. Neulich war ich morgens vorne im Verkauf und sah, das unsere Auszeichnungsschildchen, auf denen unsere Preise stehen, alle ziemlich verknickt und verbogen waren. Wir haben davon jede Menge in unserem Lager liegen, und es ist wirklich keine große Aktion, sie auszutauschen. Nur muss man einen Blick dafür entwickeln, dass ein tolles Brot und ein schmuddeliges Preisschild nicht zusammenpassen. Wenn ich die vielen Menschen sehe, die da in der Schlange stehen, um unser Brot zu kaufen, habe ich das Gefühl, das fällt jetzt allen ins Auge und dann dominiert nicht unser schönes Brot die Wahrnehmung unserer Kunden, sondern das verknickte Preisschild.

Früher habe ich in so einem Moment zuweilen den Impuls in mir verspürt, alle meine Mitarbeiter sofort nach Hause zu schicken und es selbst zu machen. Weil das nicht geht und natürlich auch keinen Sinn macht, stehe ich, ob im Verkauf oder in der Backstube, immer wieder vor der Frage: Wie schaffe ich es, die Wahrnehmung und Eigenverantwortung aller Leute in meinem Team zu entwickeln? Wie kriege ich es hin, dass die Mitarbeiterinnen im Verkauf selbst erkennen, dass es an der Zeit ist, die Preisschilder zu erneuern oder die Brote im Schaufenster neu auszurichten, damit das Gesamtbild stimmig bleibt? Und dabei geht es nicht nur um oberflächliche Ästhetik. Es kommt immer mal wieder vor, dass beispielsweise die Baguettes erst sehr knapp vor Ladenöffnung aus dem Ofen kommen. Die werden üblicherweise bei uns im Schaufenster in Körbe gestellt. Wenn die Baguettes aber noch zu warm in den Korb gestellt werden und nicht innerhalb von fünf Minuten verkauft sind, dann wird aus dem feinen Weißbrot nach spätestens einer Viertelstunde ein wabbeliges Weichbrot, und ein tolles Produkt ist ruiniert. Also ist eigentlich klar, dass die Baguettes erst einmal auskühlen müssen, bevor sie für dass Schaufenster in die Körbe drapiert werden. Natürlich könnte ich laut zu schreien anfangen, wenn ich sehe, dass die Mitarbeiterinnen im Verkauf die ofenwarmen Brote trotzdem in den Korb stellen, weil sie denken, dass ist jetzt richtig so. Früher wäre ich wahrscheinlich sofort nach vorne gerannt und hätte sie alle wieder rausgeholt, jetzt versuche ich, solche Dinge in Ruhe zu erklären. Ich setze darauf, dass sich der Blick und das Bewusstsein fürs Ganze Schritt für Schritt bei allen durchsetzt. Zum Beispiel, dass die halbierten Brote etwas nach oben angewinkelt im Fenster liegen und zum Kunden nach oben schauen. Wir haben ein selbstbewusstes Produkt, das sich nicht verstecken muss, sondern sein schönes Innenleben zeigen kann und soll. Und auch die letzten 30 Brote sollen im Fenster nicht aussehen wie der verlorene Rest, sondern sie sollen, genauso wie die ersten Brote am Morgen, immer schön eng zusammen liegen und ein einheitliches Bild ergeben. An diesen Details muss man kontinuierlich arbeiten, denn wir haben an allen Stellen immer noch Luft nach oben. Unsere Kunden wollen ja oft genauer wissen, was für ein Brot sie kaufen, also nehmen die Mitarbeiterinnen hinter der Theke gerne mal ein halbes Brot in die Hand, um so die Details näher zu erläutern. Diese kleinen Produktpräsentationen sind extrem wichtig, nur dachte ich, als ich sie dabei beobachtet habe, dass das nicht geht. Das Brot wechselt von der einen in die andere Hand, und dann legen sie es wieder in die Theke. Also habe ich ein Weidenkörbchen mit Getreidekörnern besorgt und meinen Verkäuferinnen erklärt, dass sie die Brote für ihre Kundengespräche in Zukunft in diesem Körbchen präsentieren sollen. Erstens sieht es appetitlicher aus, und zweitens ist es auch hygienischer. Um die Sinne für all das zu schärfen, fahre ich mit dem gesamtem Team, jedes Jahr im Sommer, für drei Tage in eine Stadt, wie zum Beispiel Wien oder Paris, die aus meiner Sicht eine tolle Mischung aus allem bietet. Wir schauen uns dann Bäckereien, Cafés und Restaurants an und nehmen auch Läden unter die Lupe, die mit unserem Handwerk gar nichts zu tun haben. Wir schauen uns an, was diese Geschäfte so besonders macht, und stehen dann auf der Seite des Kunden, der diesen Laden aus seiner Perspektive betrachtet. Ich verspreche mir davon einen positiven Lerneffekt, und am Abend lassen wir es uns dann immer gut gehen. Diese kleinen Reisen gehen aufs Haus, und dieses Geld investiere ich sehr gerne in mein Team. Wir geben das ganze Jahr so viel für unser Brot und unsere Kunden, dann dürfen wir diese drei Tage zusammen genießen. Wenn ich dann sehe, was für einen Spaß wir alle zusammen haben, dann kommt mir wieder Volker in den Sinn, und ich höre seinen Satz von der Weihnachtsfeier in Föhr: »Schau es dir an, es gibt doch nichts Schöneres, als mit solchen Menschen arbeiten zu dürfen.« Recht hat er.

Alle diese Kleinigkeiten gehören für mich zu einem Konzept, bei dem unser Produkt immer im Mittelpunkt steht. Und selbst wenn es nervt, wenn ich mich immer mal wieder einmische, habe ich das gute Gefühl, dass mein Team die Idee dieses Ladens immer besser versteht. Sie arbeiten mit Freude und geben ihr Bestes, vielleicht sogar gerade dann, wenn ich nicht da bin – denn dann ist es ihre Bäckerei, und sie tragen allein die Verantwortung. Ich habe mir auch angewöhnt, über all das nicht mehr nachzudenken, sobald ich meinen Laden verlasse. Ändern kann ich dann sowieso nichts mehr, also vertraue ich auf mein Team und bin ihnen sehr dankbar, wenn ich sehe, dass es auch ohne mich ganz gut läuft. Auch das hat etwas mit Nachhaltigkeit zu tun, und es entlastet mich enorm. Oli hat sicher recht, es gibt in Deutschland keinen Bäcker, der auf so einer kleinen Fläche so viel Brot verkauft. Wobei es nicht an erster Stelle die Menge an Brot ist, die mich glücklich macht, sondern dass ich mein Brot immer noch so backen kann, wie ich es mir vorstelle. Meine Müllerin hat einmal gesagt: »Die Bonner können sich wirklich glücklich schätzen, dich als Bäcker in ihrer Stadt zu haben.« Wenn das so stimmt, hätten wir eine Win-win-Situation erreicht: glückliche Kunden und ein glücklicher und dankbarer Bäcker.

Während ich Schritt für Schritt meine Bäckerei zum Laufen brachte und allmählich eine funktionierende Struktur entwickelt habe, fing mein Vater in Lahnstein an, seine neue Produktion zu bauen. Wenn ich oben geschrieben habe, dass mein Projekt von Anfang an unter einem guten Stern stand, starteten die Großbäckereipläne meines Vaters wohl eher unter umgekehrten Vorzeichen. Um die Dimension einmal klarzumachen: Meine Bäckerei hat, Verkauf und Backstube zusammengenommen, eine Fläche von rund 90 Quadratmetern, plus zwei kleine Nebenräume für die Kühlung und die Wohnung im ersten Stockwerk, die wir als Lager und Pausenraum nutzen. Mein Vater errichtete eine Produktionsstätte mit etwa 2 500 Quadratmetern Fläche, eingerichtet mit modernster Backtechnik – raus aus dem Hochwassergebiet und dem alten Gemäuer. Er wollte damals uns und heute meinem Bruder einen Betrieb übergeben, der für die Zukunft gut aufgestellt war, um auch hier wieder in bester Qualität zu backen. Zu Baubeginn im August 2017 hatte unser Familienbetrieb drei Filialen in Lahnstein und ein gutes Liefergeschäft. Als die neue Produktion im Februar 2019 ihren Betrieb aufnahm, kam noch eine Filiale in Koblenz hinzu. Die neue Produktionsstätte war zwar keine Backfabrik wie Fredys in der Schweiz, sie war aber deutlich größer als die neue Backstube der Mühlenbäckerei in München, wo ich damals selbst die riesigen Startschwierigkeiten beim Übergang von klein zu groß erlebt hatte. Und das war im Grunde von Anfang an das Problem. Ich hatte ja schon immer Bedenken bei dieser Größe gehabt und Klaus und Papa schon vor Baubeginn mehrfach gesagt: »Macht das nicht, und schon gar nicht in dieser Dimension.« Vergebens. Ich habe mich dann auch zurückgezogen und wurde nach meinem Ausscheiden aus unserem Betrieb auch nicht mehr groß in dieses Bauvorhaben einbezogen.

Wie schlecht die finanzielle Situation des Unternehmens war, wurde mir bewusst, als mich mein Vater drei, vier Monate vor der Fertigstellung anrief und fragte, ob ich ihm kurzfristig einen Überbrückungskredit einräumen könne. Und was machst du, wenn dich dein Vater zu einer so ungewöhnlichen Zeit am frühen Morgen in der Bäckerei anruft und um Geld bittet? Du hinterfragst es nicht, was du ganz sicher bei jedem anderen Anrufer getan hättest, sondern du stellst ihm die Kohle zur Verfügung. Das war für mich ganz selbstverständlich. Ich habe ihm also die Ersparnisse und Reserven aus meiner Anfangszeit überwiesen, und wir haben das auch vertraglich festgehalten. Als ich dann das erste Mal in diese riesige Backstube reinkam, dachte ich wirklich: So sieht eine Bäckerei aus, in der in zwei Monaten das Licht ausgeht. Hier wurde für die vorhandene Größe viel zu wenig produziert. Auf dieser Fläche und mit dieser Ausstattung hätte man locker Backwaren für 20 Läden produzieren können. Aber wenn du nur für vier Filialen backen kannst, dann bedeutet das, dass deine Backstube nicht einmal zu einem Viertel ausgelastet ist, und so kann deine Kalkulation schlicht nicht aufgehen. Denn auf der anderen Seite standen Investitionskosten von mehreren Millionen Euro, und diese Verbindlichkeiten mussten zu 100 Prozent bedient werden. Leider dauerte es nach der Eröffnung der neuen Produktion keine zwei Jahre, bis das Insolvenzverfahren über die Heinz Kugel GmbH & Co. KG, die Immobilienfirma meines Vaters, eröffnet wurde. Ein echtes Drama.

Ich habe mich seither oft gefragt, wie es dazu kommen konnte. Sicher wurden die Expansionspläne meines Vaters auch durch die Corona-Pandemie torpediert, die Anfang 2020 zu monatelangen Lockdowns und zu großen Verunsicherungen im ganzen Land geführt hatte. Keine gute Zeit für einen Aufbruch zu expansiven Zielen, aber in meinen Augen nicht die Ursache dieses Scheiterns. Ich hatte mich noch vor meinem Abschied aus dem Familienbetrieb laut und deutlich gegen diese Baupläne ausgesprochen, weil ich darin weder für uns zu Hause noch für die Bäckereibranche ein zukunftsfähiges Konzept gesehen habe. Mein Vater sah das anders und war überdies in einer schwierigen Lebensphase, die man auch als verspätete Midlife-Crisis betrachten könnte. Als mein Vater mit der Planung seiner neuen Produktion begann, war er Ende 50, und ich hatte schon bei meinen Chefs in München erlebt, dass das ein heikles Alter ist, um so ein Projekt zu starten.

Hinzu kam, dass mein Vater es gewohnt war, alle wichtigen Entscheidungen alleine zu treffen. Er hat zwar vieles mit Klaus besprochen, der ihm ja bis auf wenige Punkte auch bei allem zugestimmt hat, aber viele finale Entscheidungen hat Papa dann alleine getroffen. Darüber hinaus, und das zählt für mich zu den schwerwiegendsten Gründen, gab es da auf der anderen Seite ja auch noch die vielen schlauen Menschen, die in das ganze Bauvorhaben involviert waren. Die sogenannten Bäckereiplaner, Architekten und diverse Firmen, die Öfen, Kälteanlagen usw. produzieren. Nicht zu vergessen: seine Hausbank, die den Geldhahn nicht zudrehte. Da floss immer weiter Kohle, für immer höhere Nachfinanzierungen. Und so kam eins zum anderen. Keiner dieser Beteiligten hat auch nur einmal versucht, meinen Vater zu bremsen. Stattdessen argumentierten sie eher in die andere Richtung: »Lassen Sie uns jetzt lieber etwas größer bauen und mehr Platz einplanen, denn wenn Sie dann in ein paar Jahren noch mal erweitern müssen, wird das viel teurer, als jetzt nur etwas mehr zu investieren.« Weil Papa das alles alleine gemanagt hat, hat er meiner Meinung nach an diesem Punkt schlicht den Überblick verloren.

Er glaubte aber an die Qualität der Backwaren und an die Familie, die bisher alle Aufgaben gemeistert hatte. Und da er derjenige war, der seine Unterschrift unter alles gesetzt hatte, war es am Ende auch seine Entscheidung. Das Ergebnis war eine völlig perfekte, hochmoderne Backstube mit allem Drum und Dran, der nur eine Sache fehlte: die Seele. In einer Produktion dieser Größe kann so etwas wie Seele nur schwer Einzug halten, ganz anders als in meiner Backstube. Schon das Wort »Stube« drückt die Gemütlichkeit aus und auch den Wohlfühlfaktor. Und auch wenn immer wieder viele Bäcker, ihre Neubauten als Backstube bezeichnen, ist es eben doch eine große Backhalle ohne jeden Charme. Die Wege sind lang, die Strukturen sind anders, und durch alles Neue an Maschinen und Öfen verändert sich automatisch auch die Qualität. Und deshalb nahm auch hier das gleiche Spiel seinen Lauf, das ich schon in München miterlebt hatte. So erkläre ich mir den einen Teil dieses Scheiterns, doch der andere Teil war dafür viel gravierender.

Die ganze Konstruktion war in drei Firmen aufgeteilt. Eine, die das Gebäude gebaut und die Immobilien verwaltet hat, eine, die den Backbetrieb verantwortet hat und die andere, die alle Maschinen gekauft hat. Im Grunde vermietet dann der eine an den anderen, und so teilt man das Risiko auf und steht steuerlich etwas besser da. Am Ende aber hängen sie alle zusammen und brechen auch gemeinsam ein. Als dann nämlich die Zahlungsunfähigkeit der Bäckerei Kugel GmbH, also der reinen Bäckerei drohte, wurde es richtig hässlich. Meinem Vater gehörten damals 51 Prozent der GmbH, meinem Bruder als Mitgeschäftsführer 49 Prozent. Die Bank, die anfangs noch sehr entgegenkommend und hilfsbereit war, verlangte dann, dass mein Vater die Geschäftsführung verlassen musste, da sie in ihm den Hauptverantwortlichen für die eingetretene Schieflage sah. An seiner Stelle übernahm ein Bäckereiberater den kaufmännischen Teil des Unternehmens, während mein Bruder für den handwerklichen Teil, also die Produktion, zuständig blieb. Kurz gesagt, wurde mein Vater nach Jahrzehnten als Inhaber von heute auf morgen abgesägt.

Jetzt hatte die Bank das Sagen, und ich traute dem eingesetzten Berater nicht über den Weg, nicht zuletzt, weil er gleich zu Beginn der Krisensituation den Kontakt zu mir gesucht hatte, um mich auf seine Seite zu ziehen. Ich aber stand immer auf der Seite unserer Familie, zumal der Bäckereiberater nach meiner Einschätzung weniger das Unternehmen als vielmehr seine eigenen Interessen im Blick hatte. Er musste sich aber eng mit meinem Vater absprechen, der sich ja als Einziger mit allen Details wirklich auskannte. Der Dritte in diesem Bund war der langjährige Steuerberater meines Vaters aus Neuwied. Alle drei versuchten nun, einen Rettungsweg zu finden, so schien es zumindest. In Wirklichkeit haben sie sich aber die angeschlagene Situation meines Vaters zunutze gemacht und ihm eingeredet, was er tun soll. Und wenn du am Boden liegst, versuchst du nach jedem Strohhalm zu greifen, der dir Rettung verspricht. Irgendwann ging es dann darum, die Geschäftsanteile meines Vaters in Sicherheit zu bringen, weil sie Angst hatten, die Bank, die für die drei schon längst zum Feind geworden war, könnte seine 51 Prozent und damit das Sagen über die Bäckerei übernehmen. Um das zu verhindern, kam die Idee auf, mir diese Anteile für einen Euro zu überschreiben. Ich war mittlerweile insofern wieder mit im Boot, als dass ich über die Umstände Bescheid wusste und mit Rat und Tat natürlich zur Seite stand. Nicht zuletzt, weil auch meine ganzen Ersparnisse auf dem Spiel standen, die ich Papa zur Verfügung gestellt hatte.

Dieses ganze Insolvenzverfahren hatte natürlich auch bei mir die Frage aufgeworfen, ob ich jetzt in den Familienbetrieb zurückkehren, mich einbringen und alles dafür tun sollte, um das Ruder noch einmal herumzureißen. Obwohl schon ein Notartermin anberaumt war, um mir die Anteile zu übertragen, musste ich mir in diesem Moment treu bleiben und lehnte ab, weil alles auf dem Spiel stand, was ich mir aufgebaut hatte. Selbst wenn ich es geschafft hätte, das Großprojekt am Laufen zu halten oder gar zu retten, wäre ich mit meinem eigenen Laden untergegangen, für den ich in den letzten Jahren so hart gearbeitet hatte. Vielleicht hätte ich Harald fragen können, ob er seine Kontakte zu diesem Investor noch einmal hätte spielen lassen können, der mir meinen Laden damals abkaufen wollte. Aber selbst wenn der mir vielleicht noch etwas mehr Kohle als damals angeboten hätte, wäre das Ergebnis das gleiche geblieben: Ich hätte meinen Laden verloren, ich hätte mein Handwerk verraten und wäre, was meine größte Sorge war, sicher selbst daran zerbrochen. Dieser Preis war mir bei aller Liebe zu meiner Familie und meinem Vater zu hoch, zumal mir jedes Vertrauen in diese Berater fehlte, die großen Einfluss auf ihn hatten. Weil ich die Übertragung der Geschäftsanteile verweigert hatte, wurden Papas 51 Prozent dann treuhändisch auf seinen Steuerberater überschrieben. Aber warum eigentlich nicht an Klaus? Weil er für die drei Herren nun langsam auch zum Feindbild wurde. Eigentlich nur für zwei, mein Vater hat sich einfach angeschlossen.

Ich war bei fast allen Gesprächen mit der Bank dabei und habe eigentlich von Anfang an dafür plädiert, das ganze Projekt so schnell wie möglich abzuwickeln. Denn die Bank hat immer wieder neue Forderungen gestellt, die sehr unrealistisch und gar nicht umsetzbar waren. Papa hatte mit den Nachfinanzierungen schon alle seine Häuser als Sicherheit hinterlegen müssen, um sich weiter Luft zu verschaffen. Und als das nicht mehr reichte, kam es zu einem Termin mit der Bank, den ich nie vergessen werde. Wir saßen mit all den Herrschaften zusammen am Tisch, die uns den aktuellen Stand der Dinge erklärten. Und weil die Situation mehr als schlecht war, musste mein Vater vor meinen Augen seine Lebensversicherungen abtreten und ihnen über den Tisch schieben. Jetzt hatten sie ihm eigentlich alles genommen. Mein Vater aber agierte in dieser Phase wie ein Feldherr, der nicht einsehen will, dass sein Krieg längst verloren ist. Und weil die Herren Berater ja für jede Stunde ihrer Arbeit ordentlich bezahlt wurden, haben sie ihn auch daran nicht gehindert.

Auch mein Bruder entwickelte einen enormen Kampfgeist. Klaus war ja der Älteste von uns Kindern und hatte deshalb auch unseren Opa am längsten gekannt. Er hatte mir oft erzählt, wie Opa damals mit einem Koffer vom Bodensee nach

Lahnstein gekommen war, wo er dann in die Bäckerei Krott eingeheiratet hatte, die er dann später unter dem Namen Kugel weiterführte. Dieses Erbe zu retten war das Anliegen von Klaus, der aber plötzlich vom Bäckereiberater, meinem Vater und dem Steuerberater zum Buhmann auserkoren wurde, der angeblich die Rettung des Betriebs verhindern würde. Ich war bei einem Meeting dabei, wo sich die drei mit ihrem Rechtsbeistand und Klaus mit seinem Rechtsanwalt an einem Tisch gegenübersaßen und Klaus beschuldigten, mit Vorsatz zu viel Material eingekauft und so dem Unternehmen geschadet zu haben. Letztlich ging es ihnen aber darum, Klaus seine 49 Prozent Geschäftsanteile abzunehmen, um dann freie Bahn für ihren Sanierungsplan zu haben, wie immer der auch ausgesehen haben mag. Damals wollten sie Klaus nicht die restlichen Prozente überschreiben, weil sie Angst hatten, er würde das Unternehmen einfach verkaufen. Aber so langsam machte sich der Gedanke in mir breit, dass dies in Wahrheit die andere Seite wollte. Dieser Plan ging nicht von meinem Vater aus, sondern von den anderen beiden Konsorten, die sich die Hilflosigkeit meines Vaters zunutze machten. Das waren jedenfalls meine Gedanken. In diesem Meeting habe ich mich klar und deutlich auf die Seite meines Bruder gestellt, der niemals etwas unternommen hätte, um dem Betrieb zu schaden, sondern im Gegenteil mit großem Einsatz für die Rettung kämpfte, was mich tief beeindruckt hat.

Eine neue Wende trat ein, als zur Überraschung aller der Bäckereiberater und aktuelle Geschäftsführer von heute auf morgen verstarb. Ich habe ihm, auch wenn das hart klingt, keine

Träne nachgeweint. Denn in dieser Zeit kam auch mein Vater wieder zur Vernunft, weil ihm wohl langsam dämmerte, dass hier etwas nicht mit rechten Dingen zugehen konnte. In dieser Situation rückte die Familie wieder enger zusammen, und mein Vater wollte die Anteile des Steuerberaters zurück und auf unsere Tante übertragen. Doch der lehnte ab und wollte sie behalten, um sein eigenes Ding zu drehen. Aber diesen Move hat er ohne mich gemacht, denn jetzt war für mich im wahrsten Sinne der Ofen aus. Ich hatte ja meinem Vater einen größeren Kredit eingeräumt und war in diesem Moment der Hauptgläubiger der GmbH. In Absprache mit der Bank haben wir dann beschlossen, das Unternehmen endgültig platt zu machen. So wollten wir schlimmeres Handeln des Steuerberater verhindern und noch einmal versuchen, die Bäckerei mit Familienkraft zu retten. Aber als wir das alles organisiert und über die Bühne gebracht hatten, nahm die Bank von unserem Vorhaben Abstand, statt unsere Pläne zu unterstützen. Sie hatten Papas Vermögen ja längst in der Tasche. Schlussendlich wurde die neue Produktion mit allen Filialen von einem Großbäcker übernommen. »Money makes the world go round«, so auch hier: Die Bank war fein raus, der Neuwieder Steuerberater konnte seine verweigerten Geschäftsanteile in der Pfeife rauchen, und das ganze Hin und Her und die vielen Streitereien und Unehrlichkeiten hatten ein Ende.

Die eigentliche Tragödie aber ist, dass unser Familienunternehmen absolut schuldenfrei war, als Papa mit seinen Neubauplänen begann. Wenn er uns damals einfach die Schlüssel in die Hand gedrückt und gesagt hätte, »so Jungs, ich und eure Mutter haben fertig, jetzt seid ihr dran«, wer weiß was dann passiert wäre. Oder wenn er mir damals, als ich nach der Meisterschule nach Hause kam, angeboten hätte: »Okay Max, jetzt bist du der Chef in der Backstube, du hast jetzt freie Hand, also bau unsere Produktpalette nach deinen Vorstellungen um.« Vielleicht wären Klaus und ich ja noch heute in Lahnstein und hätten den Familienbetrieb tatsächlich gemeinsam in die vierte Generation geführt. Aber all das bringt heute auch nichts mehr, denn alles passiert, weil es passieren soll – denke ich.

Mehr als 30 Jahre hatte Papa ohne freie Wochenenden quasi rund um die Uhr gearbeitet und so tatsächlich ein kleines Vermögen geschaffen: eine Bäckerei mit vier Filialen und fünf Mehrfamilienhäuser. Auf dieser Basis hätten meine Eltern bis an das Ende ihrer Tage ein sorgenfreies und entspanntes Ruhestandsleben führen können. Doch mit seinem letzten Investment ist Papa »all-in« gegangen und hat buchstäblich alles verloren. Das ist extrem bitter und tut mir wahnsinnig leid für Mama und ihn. Als mein Opa starb, habe ich meinen Vater das einzige Mal weinen gesehen, doch nach der Insolvenz kamen ihm immer wieder die Tränen, und wenn meine Mutter nicht gewesen wäre, dann hätte er sich sehr wahrscheinlich das Leben genommen. Bei allem, was auch passiert ist, hält meine Mutter auch heute noch zu ihm wie am ersten Tag. Danke Mama!

Papa wird sich diese Insolvenz nie verzeihen, und sie hat ihn als Mensch sicher gebrochen. Ich kann das wirklich nachempfinden, denn ich glaube, ich könnte es mir auch nicht verzeihen, wenn ich meinen Laden vor die Wand fahren würde, zumindest dann, wenn ich mir eingestehen müsste, dass es meine eigenen Fehler waren, die dazu geführt haben. Und das muss man leider sagen: Wenn eine Firma vor die Wand fährt, liegt es immer auch am Fahrer. Mit der Fehlereinsicht tat sich Papa, wie ich finde, anfangs ganz schön schwer. Er fühlte sich ungerecht behandelt und verraten, von seiner Bank, völlig zu Recht von seinem Steuerberater, aber auch von Klaus, was so weit ging, dass er den Kontakt zu ihm abgebrochen und fortan gesagt hat, er habe nur noch drei Kinder. Mir zeigte das vor allem, wie tief dieses Scheitern meinen Vater getroffen hat und wie verzweifelt er im tiefsten Inneren gewesen sein muss. Ich wünsche mir sehr, dass er irgendwann die Kraft hat, sich bei Klaus für diese völlig ungerechtfertigte Schuldzuweisung zu entschuldigen, und ich hoffe, dass mein Bruder ihm verzeihen wird. Die beiden haben so viele Jahre zusammengearbeitet, und im Gegensatz zu mir stand Klaus immer an seiner Seite und hat seine Pläne unterstützt. Ja, es ist ein echtes Drama, wenn du dein ganzes Vermögen verzockst, und auch ich habe durch diese Insolvenz eine Menge Geld verloren, weil ich den Kredit an meinen Vater nie zurückerhalten habe. Eineinhalb Jahre Arbeit für die Tonne.

Das Ende unseres Familienbetriebs ist ein Beispiel dafür, dass es in diesen Fällen letztlich nur ums Geld geht. Und darum ging es mir bei allem, was ich bisher getan habe, noch nie an erster Stelle. Mein Vater hat sein Bäckerleben noch in der familiären Tradition begonnen und war immer ein leidenschaftlicher und großartiger Bäcker, der sein Handwerk tatsächlich noch beherrschte. Und bei dem finalen Versuch, die Weichen für dieses Familienunternehmen Richtung Zukunft zu stellen, ist er dann für meine Begriffe falsch abgebogen: Vom Teig und dem Handwerk zu fast schon industriellem Backen und Millioneninvestition. Das meine ich, wenn ich sage, ich habe damals bei meinem ersten Besuch in der neuen Produktion keine »Seele« gespürt. Selbst wenn Klaus und ich es geschafft hätten, den Laden am Laufen zu halten und vielleicht irgendwann auch unter Vollauslastung gebacken hätten – wir hätten die nächsten 20 Jahre für die Bank gearbeitet und Backwaren auf einem Qualitätslevel produziert, bei dem ich dem Max Kugel von vor fünf Jahren lieber nicht begegnet wäre. Nein, es war für mich eine richtige Entscheidung, meinen Prinzipien treu zu bleiben, und Sonjas Bruder Roland würde jetzt sagen: »Das verlorene Geld ist ja nicht weg, sondern nur bei jemand anderem.« Traurig und unglücklich würde mich machen, wenn unsere Familie an diesem Scheitern nachhaltig zerbrechen würde.

Meine Eltern sind danach recht schnell aus Lahnstein weggezogen. In Lahnstein wollten sie das alles nicht mehr vor Augen haben und konnten wahrscheinlich auch die Blicke der ehemaligen Kunden nicht ertragen, denn der Niedergang der Kugels war eine Weile auch Stadtgespräch in Lahnstein. Auch von dem Handwerk, das mein Vater mit so großer Leidenschaft gelebt hat und das sein Lebensinhalt war, hat er sich vollkommen abgewendet. Als es irgendwann darum ging, was mit den vielen Urkunden und Meisterbriefen geschehen soll, hat er nur abgewunken und gemeint, wir sollen sie doch wegschmeißen. Klaus hat den Meisterbrief unseres Großvaters behalten, ich den meines Vaters. Den Rest haben wir gut verstaut aufgehoben. Papa hat fast 40 Kilo abgenommen und sich inzwischen wieder gefangen. Vor ein paar Wochen hat meine Mama mal meine Oma besucht, und ich bin ihn besuchen gefahren. Ein toller Nachmittag mit anschließendem Besuch beim Flutlicht-Bundeligaspiel. Wir haben über vieles gesprochen, wie es ihm heute geht, wie das im Rückblick alles für ihn war und was er heute in seinem Leben anders machen würde. Ein wunderbares Vater-Sohn-Gespräch, das wir ganz lange nicht mehr hatten. Auch seine Gesichtszüge haben sich völlig verändert, ich sehe nichts mehr von dieser Verbissen- und Ernsthaftigkeit, sondern einen glücklich und zufriedenen Menschen. Als ich ihn dann gefragt habe, ob er das Leben heute anders zu schätzen weiß, war es einen Moment still um uns, und dann sagte Papa mit viel Gefühl: »Auf jeden Fall.«

Ob er den großen Verlustschmerz je ganz überwinden kann, weiß ich nicht, aber ich möchte ihm doch eines sagen: Was sind Geld und Immobilien im Vergleich zu vier tollen Kindern und den dazugehörigen Enkeln? Mit meinen Schwestern und ihren Kindern haben meine Eltern ein sehr enges Verhältnis. Sie unternehmen viel mit ihren Enkelkindern und können das Leben nun auf eine andere Art und Weise genießen. Nämlich mit Zeit für sich und mit den Kleinen. Und vielleicht ist das ja auch der Schlüssel zur Versöhnung mit Klaus, der inzwischen auch Vater geworden ist. Klaus hat wieder eine Bäckerei übernommen und hat wie ich seinen Weg in diesem wunderbaren Handwerk gefunden, und darauf, Papa, darfst du ruhig ein wenig stolz sein, denn du hast uns das Fundament dafür gegeben. Mein Bruder und ich telefonieren oft und stehen in einem guten Austausch. Als er seine Bäckerei eröffnet hat, habe ich ihm gesagt: »Jetzt hast du ja die Chance, vollkommen neu anzufangen, ganz ohne Convenience und all diese Backmittel.« Aber Klaus ist ein anderer Bäcker und verfolgt einen anderen Weg, was, glaube ich, auch daran liegt, dass er seine Ausbildung nicht bei meinem Vater gemacht hat, sondern in einem anderen Betrieb.

Ende letzten Jahres habe ich mit Sonja noch einmal unsere alte Bäckerei besucht, um ihr zu zeigen, wie das alles war. Im Keller standen noch einige Kisten mit T-Shirts mit dem alten Kugel-Logo, von denen ich noch ein paar mitgenommen habe. An einer Wand hingen in einem Bilderrahmen auch noch die Verhaltensregeln, die mein Vater einmal aufgestellt hatte. Wahrscheinlich würden meine Mitarbeiterinnen und Mitarbeiter heute sofort kündigen, wenn ich die heute bei mir aufhängen würde. Vielleicht werde ich das spaßeshalber aber einmal machen, um ihre Reaktion darauf zu testen.

Arbeiten im Kugel-Team:

**Wir wollen begeisterte Kunden, weil Spitzenleistung
Freude macht.**
Spielregeln für alle Mitarbeiterinnen und Mitarbeiter in
Backstube und Verkauf.

1. Qualität
Das Kugel-Team ist spitze.
Tägliches Bemühen jedes Einzelnen um Spitzenleistungen.
Kritik nutzen wir für Verbesserungen.

2. Sorgfalt und Verbesserungen
Das Kugel-Team ist wach, gedankenloses Tun passt
nicht zu uns.

3. Ordnung und Disziplin
Das Kugel-Team hält Ordnung. Nichts liegt herum.

4. Sauberkeit
Das Kugel-Team ist sauber.
Menschen, Geräte, der ganze Betrieb ist blitzblank
und gepflegt.

5. Zusammenarbeit
Das Kugel-Team hat Teamgeist.
Wir helfen und fördern uns gegenseitig.
Wir sprechen immer offen und ehrlich miteinander.

Das war der Sound meines Vaters, und was er sagte, war Gesetz. Mal davon abgesehen, spricht aus diesen Regeln der unbedingte Antrieb meines Vaters, das Beste aus seiner Bäckerei und allen Mitarbeitern rauszuholen. Dieses Akribische, die Unnachgiebigkeit im Ringen um Spitzenqualität und ja, auch die Besessenheit, mit der ich meine Mitarbeiter heute zuweilen nerve – das habe ich zu 100 Prozent von meinem Vater. Also Papa, in einem allerdings sehr positiven Sinne bist du wahrscheinlich selbst schuld, dass ich damals unseren Familienbetrieb verlassen und meine eigene Bäckerei gegründet habe. Du warst es, der dieses Feuer in mir entfacht hat, und du warst der Erste, der mir gezeigt hat, was gutes Bäckerhandwerk alles sein kann. Diesen Weg gehe ich bis heute weiter, vielleicht noch radikaler als du, aber mit der gleichen Leidenschaft, die ich immer bei dir gespürt habe. Dafür werde ich dir ewig dankbar sein.

Die Zukunft des Bäckers liegt in seiner Vergangenheit

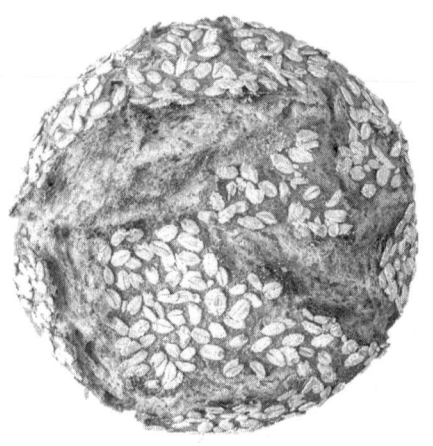

Beim Stöbern in unserer Familiengeschichte ist mir eine interessante Zahl aufgefallen: Als mein Urgroßvater 1933 seine Bäckerei gegründet hat, gab es in Lahnstein 33 Bäckereien. Lahnstein ist eine Kleinstadt, die heute knapp 19 000 Einwohner hat. Mit dem Ende unseres Familienbetriebs waren wir dann der letzte Handwerksbäcker, der seinen Laden zugemacht hat. Wenn wir die Bäckereidichte dieser Zeit auf die Einwohnerzahl von Bonn hochrechnen, die aktuell bei rund 335 000 liegt, dann hätten wir in unserer Stadt heute mehr als 550 kleine Handwerksbäckereien und verteilt über das Stadtgebiet wahrscheinlich an jeder dritten Ecke einen Bäckerladen. Eine unvorstellbar hohe Zahl? Na klar, würde hier jeder erst einmal sagen: Undenkbar, so viele Bäcker, das wäre ja nicht wirtschaftlich und würde sich heute gar nicht mehr rechnen. Aber das hatte ich mir auch ständig anhören müssen, als ich beschlossen habe, eine reine Brotbäckerei zu gründen. Wenn ich mir also darüber Gedanken mache, wie wir unser Handwerk retten können, sind die oben genannten Zahlen für mich ein Weg dorthin: Denn die Zukunft des Bäckers liegt für mich in seiner Vergangenheit.

Ich kann mich noch sehr gut daran erinnern, als wir mit der gesamten Familie sonntagmittags, wenn die Bäckerei geschlossen hatte, immer nach Braubach in unser Wochenendhäuschen im Wald gefahren sind. Mama und Papa haben dann erst einmal eine Runde auf Feldbetten in der Sonne geschlafen, und wir Kinder haben zusammen gespielt. Anschließend wurde gekocht, gegrillt oder eine kleine Brotzeit zubereitet, bevor wir am Abend wieder zurück nach Hause gefahren sind und es für meine Eltern in ein paar Stunden wieder losging. Dieses Ritual war mit jenem Tag beendet, als wir unsre Jules-Verne-Filiale eröffnet hatten und unsere Bäckerei jetzt auch sonntags bis zum Abend geöffnet war. In unser Häuschen sind wir seither nie wieder gefahren, und das war auch der Zeitpunkt, an dem meine Eltern nicht mehr wirklich selbstbestimmt waren. Wir hatten eine Größe erreicht, in der die Strukturen andere waren. Ihren Sonntagsschlaf hielten sie jetzt zu Hause und nicht selten sind sie am Nachmittag noch einmal in die Filiale gefahren, um Erdbeerkuchen oder Ähnliches vorbeizubringen, weil der Verkauf so gut lief.

Das alles gab es früher, glaube ich, einfach nicht. Da hat jeder Bäcker seine geplanten Mengen gebacken, verkauft und Feierabend. Jeder Bäcker hatte sicher auch noch seine besondere Spezialität, die ihn unverwechselbar gemacht hat, und alle waren damit zufrieden. Leben und leben lassen – das war in früheren Zeiten das Grundprinzip, und alle Bäckereien haben etwas vom großen Kuchen abbekommen. Damals standen die Bäcker auch noch solidarisch füreinander ein und haben beispielsweise die Urlaubsvertretung mit ihren Backwaren übernommen, wenn ein Kollege mit seinem Betrieb in den Ferien war. Sie haben sich monatlich zum gemeinsamen Kegeln getroffen und waren vielleicht gemeinsam im Bäckergesangsverein. Ich will hier jetzt nicht das romantische Bild vom schönen Bäckerleben malen und behaupten, das früher alles besser war, aber ich möchte die Gründe vor Augen führen, warum ich dieses Buch vor 40 oder 50 Jahren gar nicht hätte schreiben müssen. Denn damals hätte ich keinen Bedarf gesehen, um mein Handwerk zu retten. Heute ist das anders, und ich habe in diesem Buch viele Dinge aufgeschrieben, um das Warum zu verdeutlichen.

Bei den vielen Menschen, die uns tagtäglich besuchen, bekommen wir zwei Dinge besonders oft zu hören. Zum einen: »Mein Opa hatte auch eine Bäckerei.« Und: »Den Beruf will ja heute auch keiner mehr lernen.« Ohne jeden Zweifel gab es früher in Deutschland verdammt viele Bäckereien, und genauso richtig ist, dass es in der Bäckerbranche große Nachwuchsprobleme gibt. Und wenn ich beobachte, wie schwer sich unsere Bäckerinnungen und der Zentralverband mit Antworten auf diese Problemlage tun, dann liegt es vielleicht auch daran, dass sie die Gründe dafür nicht wirklich sehen wollen oder können. Ich bin mir sehr sicher, dass ich heute auch kein Bäcker wäre, wenn mein Papa keine eigene Bäckerei gehabt hätte, aber trotzdem so viel gearbeitet und selten da gewesen wäre. Und wenn ich heute mit meiner eigenen Bäckerei als Erster am Morgen das Haus verlasse, es aber als Letzter erst wieder betrete, dann wundere ich mich nicht, warum Sonjas Sohn James auch keine Lust hat, diesen Beruf zu erlernen.

Das alles wollte ich ändern, als ich damals von zu Hause auszog. Natürlich nicht von Anfang an vollends geplant, aber immerhin doch mit dem Ansatz und der Idee, dass unser Handwerk, so wie ich es zu Hause kennengelernt hatte, in Zukunft nicht funktionieren kann. Auf meiner ganze *Road to Bakery* habe ich dann Eindrücke und Erfahrungen eingesammelt und mitgenommen, um diese Zukunft für mich selbst neu und auf andere Weise leben zu können. Wenn ich im Titel dieses Buches schreibe, »um mein Handwerk zu retten«, dann meine ich nicht nur das Bäckerhandwerk im Allgemeinen, sondern in erster Linie das Bäckerhandwerk, das ich selbst in den letzten Jahren gelebt habe. Denn erst, wenn das alles für mich zusammenpasst und ich Zufriedenheit verspüre, kann ich mich auch um andere kümmern. In meinem Fall um die Nachwuchskräfte der Bäcker, die wieder positive Beispiele brauchen, die sie motivieren und in ihnen wieder den Gedanken wecken: »Bäcker ist ein toller Beruf, das will ich auch werden.« Oder: »Eine eigene Bäckerei haben, das will ich auch.« Und das kann ich schaffen.

Als ich es damals geschafft hatte, mir nach den ersten superstressigen Eröffnungsmonaten mehr Freiheiten zu schaffen und aus dem Laden auch mal rauszukommen, liefen die nächsten Jahre, und das gilt auch bis heute, immer besser. Heute mal ein Wochenende aus Bonn rauszukommen, ist kein Problem mehr. Da übernehmen die Jungs und Mädels dann alleine. Finanziell hatten wir recht schnell ein Umsatzmaximum erreicht, weil wir einfach nicht immer mehr produziert haben. Aber es entwickelte sich auch eine Dynamik, die ich so nicht habe kommen sehen. In den ersten Monaten habe ich immer gehofft, dass auch einmal in einem Magazin oder in einer Zeitung über uns berichtet wird, oder dass auch das Fernsehen mal für eine kleine Reportage vorbeikommt. Das alles lief aber sehr schleppend an, bis ich mir gesagt habe: »Hab Geduld und konzentriere dich auf die Qualität deiner Brote, der Rest kommt dann von ganz alleine.« Und so kam es dann auch. In den ersten beiden Jahren wurde in fast allen Fachzeitschriften, in Tageszeitungen, Lifestylemagazinen, im TV und im Radio über unsere Bäckerei berichtet und ich sehr häufig als »Pionier« bezeichnet. Die mediale Aufmerksamkeit sorgte dann dafür, dass sich Bewerberinnen und Bewerber gemeldet haben, die bei mir arbeiten wollten. Viele waren in einer ähnlichen Situation wie ich damals, mit einem elterlichen Betrieb im Schlepptau und der Frage im Kopf, wie sie ihr Leben in Zukunft gestalten wollen. Die Kontinuität, mit der wir unsere Qualität und unsere Bäckerei in den folgenden Jahren bis heute weiterentwickelt haben, hat mir zudem auch außerhalb meiner Backstube viele außergewöhnliche und beeindruckende Möglichkeiten eröffnet.

Mein Ofenhersteller Wachtel hat mich beispielsweise einmal gefragt, ob ich nicht Lust hätte, auf einer Fachmesse in Kumamoto, Japan, für sie am Messestand zu backen. Zwei Wochen Japan, voll bezahlt, da dachte ich: »Cool, das mache ich.« Als ich in Kumamoto ankam, das rund zwei Flugstunden von Tokio entfernt ist, war ich wirklich für einen Moment sprachlos. Die Japaner hatten auf dem Messestand quasi meinen kompletten Laden nachgebaut. Die Wände in meiner Ladenfarbe gestrichen, mein Schaufenster, mein Logo – das war wirklich unglaublich. Ich habe dann dort mit japanischen Bäckern gebacken und gearbeitet, was interessant war, weil die Japaner auch ein eher weizenlastiges Land sind. Mit Roggen wird in Japan kaum gebacken, aber vielleicht konnte ich ja ein paar der japanischen Kollegen inspirieren, auch mehr mit diesem wunderbaren Rohstoff zu backen. Mich hat es jedenfalls sehr stolz

Auf der Messe in Japan, wo ich mit japanischen Kollegen mein Brot gebacken habe. Eine interessante Erfahrung und ein großes Vergnügen.

gemacht, meine kleine Bäckerei, meine Stadt Bonn und auch mein Land und seine Backkultur in Japan zu repräsentieren, und ich hatte viel Spaß mit den japanischen Kollegen, die am Abend gerne viel trinken, aber nur wenig vertragen.

Nach dem Ende der Messe blieben dann noch ein paar Tage Zeit, in denen mir meine Dolmetscherin Tokio gezeigt hat, eine großartige und verrückte Stadt. Wir sind unter anderem zu einem alten Japaner gefahren, der in Tokio eine Bäckerei betreibt, die tatsächlich *Brothaus* heißt. Ein ganz uriger Laden, in dem mir der Bäcker fast mehr von seiner Liebe zu deutschen Autos erzählt hat als von seinem Brot. Er wollte mir dann auch unbedingt seine Garage zeigen, wo zwei unter Planen verhüllte Autos standen. Er musste erst einmal einiges Gerümpel und ein paar Kisten zur Seite schaffen, die er auf dem Dach der Fahrzeuge abgestellt hatte, bevor er mir vollem Stolz seine beiden Schätze präsentieren konnte: ein roter und ein weißer Ferrari F50. Ich dachte, ich sehe nicht richtig. Welch schicke und seltene Nobelkarossen! Fahren durfte ich sie zwar nicht, aber hineinsetzen und anmachen war drin. Unbeschreiblich.

Mein Bäckerhandwerk hat mich auch einmal auf die MS Amadea gebracht, das Traumschiff aus der gleichnamigen ZDF Serie. Ich war damals angefragt worden, um auf einer Genussreise mein Brot zu präsentieren. Neben mir waren Spezialisten aus unterschiedlichen Genussgewerben an Bord, ein Wein- und ein Kaffeesommelier, ein Chocolatier, ein Spezialist für Olivenöl und nicht zuletzt Lea Linster, die Sterneköchin aus Luxemburg mit ihrer Kochshow. Jeder dieser Genussexperten

Mit Lea Linster auf dem *ZDF-Traumschiff*. Ein tolle Köchin und gute Freundin.

hatte dann seine Slots, wo er den Gästen seine Produkte vorstellen und erzählen konnte, was sie zu etwas Besonderem macht, und bei der Einfahrt nach Venedig kulminierte das an Deck in einem kulinarischem Festival vom Feinsten.

Als Bäcker hatte ich in gewisser Weise die Arschkarte gezogen, denn ich musste jeden Morgen um zwei Uhr raus, um in der winzigen Küche, in der es kaum geeignetes Equipment gab, mein Brot zu backen. Selbst die Wassertemperatur musste ich mit den Fingern abschätzen. Die erste Nacht war buchstäblich nur zum Kotzen, weil ich seekrank wurde und mich kaum auf den Beinen halten konnte. Zum Glück hat mich Michael Gliss, der Kaffeesommelier, unterstützt, und wir haben auch noch den Bordbäcker rausgeklingelt und dann zu dritt gebacken. Arbeitstechnisch also eine eher abenteuerliche, aber auch sehr unterhaltsame Woche, in der tatsächlich auch an einer Folge für *Das Traumschiff* gedreht wurde. Es war wirklich interessant, Schauspielerinnen und Schauspieler wie Barbara Wussow, Jutta Speidel oder Wolfgang Fierek einmal aus der Nähe bei der Arbeit zu beobachten, aber auch die ganze Organisation an Bord, weil die Filmproduktion ja das Urlaubsvergnügen der zahlenden Gäste möglichst nicht beeinträchtigen soll. Für den Dreh werden dann die entsprechenden Bereiche abgesperrt und die Passagiere können sich für Komparsenrollen bewerben. Ganz am Ende gibt es dann eine Crewparty für das ganze Team an Bord. Hier bewirten die Schauspieler dann die Crew-Mitglieder. Es wurde laut und heftig gefeiert und getanzt. Ich mittendrin. Mit Barbara Wussow und Wolfgang Fierek, dem Bayer von Rügen, tanzend auf hoher See im Mittelmeer. Mein Highlight waren allerdings die Landgänge mit Lea. Wir haben uns oft zusammen auf den Weg gemacht, um die Kulinarik der verschiedenen Länder zu entdecken. Wir besuchten Konditoreien, Fischmärkte und Restaurants, tranken Bellinis in Venedig und aßen Pizza in Napoli. Daraus ist eine Freundschaft entstanden, die bis heute anhält. Es geht eben nicht nur Liebe durch den Magen, sondern auch Freundschaft.

Zu den tollen Erfahrungen, die ich außerhalb meiner Backstube machen durfte, gehört auch eine der schönsten und zugleich aufregendsten Begegnungen in meinem Laden, mit einer für mich heute ganz besonderen Person. Es war ziemlich genau acht Wochen nach dem Erscheinen der ersten Ausgabe unserer *Brotpost*, unserer eigenen Zeitung, die wir jährlich für unsere Kunden und alle Interessierten herausbringen, als ein älterer Mann mit medizinischer Maske oben an der Treppe unserer Backstube stand, auf mich deutete und mir signalisierte, zu ihm zu kommen. Er überreichte mir zwei eingepackte Bücher und eröffnete das Gespräch mit den Worten: »Sie werden mich sicher nicht kennen, aber diese beiden Bücher werden Ihnen helfen, es herauszufinden.« Sein Name sei Konrad Rufus Müller, er sei Fotograf und nach dem Lesen unserer *Brotpost* sei er so begeistert, dass er gerne bei der nächsten Ausgabe ein Teil davon wäre. Ich solle mir die Bücher in Ruhe anschauen und mich bei Bedarf melden.

Mir sagte der Name tatsächlich erst mal nichts, aber nach ein wenig Recherche wurde mir klar, dass Konrad Rufus Müller der Einzige noch lebende Porträtfotograf ist, der alle Bundeskanzler der Bundesrepublik fotografiert hat. Und dieser Mensch bekundete nun sein Interesse, an unserer Zeitung mitzuwirken. Unglaublich! Bis heute fotografiert Konrad Rufus Müller ausschließlich analog und ohne zusätzliches, künstliches Licht. Er hat nur eine Kamera, fotografiert nur in Schwarz-Weiß und besitzt nur ein einziges Stativ. Er drückt auch nur ein einziges Mal auf den Auslöser, um genau den richtigen Moment festzuhalten. Kurzum: Es bot sich hier für mich die Gelegenheit, mit einem Fotografen zusammenzuarbeiten, der seine Fotos produziert, wie ich mein Brote backe. Rein und unverfälscht, ohne Schnickschnack und technologische Hilfe, allein mit seinen Händen, seinen Sinnen und seinem Gefühl für das Wesentliche.

Ich musste also lange nicht über das Interesse an einer Zusammenarbeit nachdenken und freute mich sehr, Konrad und seine Frau in Königswinter besuchen zu dürfen. Es war ein Nachmittag, gefüllt mit unglaublich interessanten Geschichten aus alten Kanzlerzeiten, erzählt von einem beeindruckenden Mann, der für mich in die Kategorie »unverwechselbare Originale« fällt. Und dieses Original reihte nun mich und mein Team in sein Lebenswerk ein, weil ihm unsere Idee gefallen hatte, unser Schaffen in Form einer Zeitung zu vermitteln. Konrad ist heute 83 Jahre alt, es trennen uns Jahrzehnte an Lebenszeit, doch in unserer Idee von Arbeit und Handwerk könnten wir uns nicht ähnlicher sein und sind heute zu richtig guten Freunden geworden. Schon deswegen war es für mich nicht nur eine Selbstverständlichkeit, sondern eine echte

Christoph Häussler, Teigmacher

Felicitas Knecht, Ofen

Große Freude und Ehre zugleich: Konrad Rufus Müller,
der seit Adenauer alle deutschen Bundeskanzler fotografiert hat,
hat auch unser Team porträtiert.

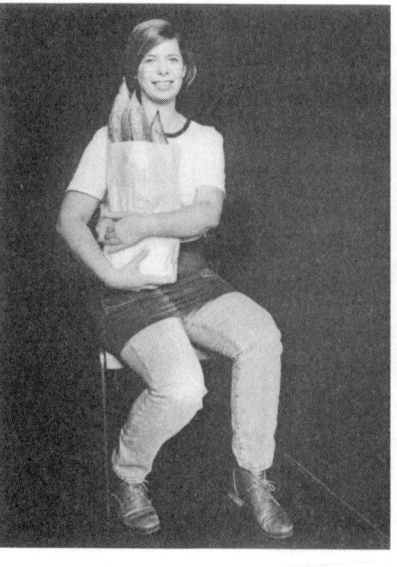

Judith Scharrenbach, Verkauf

Matthias Weidner, Aufarbeitung

Ehrensache, sein Porträt von mir als Cover für dieses Buches zu wählen. Er hat mich genau so eingefangen, wie ich bin, und das spiegelt sich nun auch in diesem Buch wieder.

In den immer noch so jungen Jahren meiner Selbstständigkeit, habe ich eine ganz Menge erleben dürfen, und manchmal fühlt es sich – leicht übertrieben – für mich ein bisschen so an wie der Aufstieg eines Rockstars. Begonnen mit einer kleinen Idee, an die fast niemand geglaubt hat, mit viel Arbeit durchgekämpft und nie den Glauben an die eigenen Fähigkeiten verloren, meinen eigenen Laden ins Laufen gebracht und sogar Preise gewonnen. Zum Beispiel den *Marktkieker*: die begehrteste Auszeichnung des Bäckerhandwerks, die alle zwei Jahre und seit 1987 an rund 100 Preisträger verliehen wurde. Wer ihn bekommt? Die Besten der Branche aus Deutschland, Österreich und der Schweiz. Wir haben den *Marktkieker* bereits zwei Jahre nach unserer Betriebseröffnung bekommen, so schnell wie nur zwei weitere Bäcker zuvor. Die Preisverleihung war einer der schönsten Abende in meinem Leben, an dem ich jede Minute genießen und die Anspannung, die ich oft in mir spüre, einmal loslassen konnte. Wir haben wirklich die Nacht zum Tag gemacht, Bier gegen Champagner eingetauscht und die Tanzfläche zum Vibrieren gebracht. Der *Marktkieker* ist ein Preis, den du nur einmal bekommst, der aber für ewig bleibt. Genauso wie die Erinnerung an diesen Abend.

Es heißt ja immer, Handwerk soll sich wieder lohnen. Und ich möchte allen da draußen sagen: Das Bäckerhandwerk hat dafür bestes Potenzial! Nicht nur finanziell, sondern auch in allen Möglichkeiten, die dir dieses Handwerk bieten kann. Du kommst damit um die ganze Welt, hast dein Werkzeug, also deine Hände, immer mit dabei, und es ermöglicht dir, neue Eindrücke zu gewinnen, interessante Menschen kennenzulernen und mit deiner Arbeit Emotionen zu wecken, die keine Grenzen kennen. Denn Brot ist das, was die Menschen auf der ganzen Welt verbindet, worüber jeder etwas zu erzählen hat, und eines der wenigen Dinge, die Menschen, Kulturen und Religionen vereint, anstatt sie zu spalten. Es ist das älteste Lebensmittel der Welt und hat eine Überlebenschance von 100 Prozent.

Das Bäckerhandwerk ist in einer ständigen Entwicklung. In den letzten Jahrzehnten hat es sich aus meiner Sicht in eine falsche Richtung entwickelt. Aber ich sehe durchaus Licht am Ende des Tunnels. Denn mittlerweile gibt es wieder ein paar von den kleinen Betrieben und mit ihnen Bäckerinnen und Bäcker, die in den letzten Jahren neu gegründet haben und wie ich auch versuchen, mit ihrem Produkt neue Impulse zu setzen. Aus Respekt vor den Menschen, die unser Brot essen und genießen sollen, aus Respekt vor den Rohstoffen, die dafür auf biologischer Grundlage angebaut werden, und damit auch aus Respekt vor unserem Planeten, der die einzige Heimat ist, die wir haben und die wir dringend besser behandeln und schützen müssen.

Aus diesem Grund bin ich seit einiger Zeit auch Mitglied im Verein »Die Gemeinschaft«, ein Netzwerk von Erzeugern und

Gastronomen, die im Sinne von Nachhaltigkeit und Qualität auf dem Teller wirklich etwas verändern wollen. Geboren wurde die Idee 2017 von den beiden Berliner Restaurants *Horváth* sowie *Nobelhart & Schmutzig*, und heute arbeiten hier Gastronomen, Köche, Landwirte, Aktivisten, Männer und Frauen an der Entwicklung einer neuen Esskultur. Für mich ist das eine spannende Sache, weil ich gerne nach Menschen Ausschau halte, die diese Ansätze teilen. Davon gibt es im Bäckerhandwerk immer noch sehr wenige, mit denen ich mich über meine Themen wie Rohstoffe oder Verarbeitung austauschen kann. Bei den Treffen und der Arbeit der Gemeinschaft geht es nicht um Gewinnmaximierung, sondern sehr konkret um die Etablierung eines neuen Systems im Umgang mit unseren Lebensmitteln. Vom Rohstoff über die handwerkliche Zubereitung oder Weiterverarbeitung bis zum Endprodukt. Echtes Essen also, das ressourcenschonend, fair und ehrlich hergestellt wird. Bei einem dieser Mitgliedertreffen waren wir beispielsweise auf einem Hof in Seewalde, wo das Gemüse für zehn Berliner Restaurants angebaut wird. Die Erzeuger und Gastronomen sprechen sich über die saisonalen Gemüsesorten und Mengen ab, und schon hast du in Berlin zehn Läden, die mit ihren Rohstoffen richtig gut aufgestellt sind. Eine tolle Synergie.

Ich nehme zu solchen Treffen gerne möglichst viele aus meiner Backstube mit. Beim letzten Mal waren wir sechs Leute, um von Bonn aus wirklich irgendwo »far out« in die Heide zu fahren. Mich beflügelt das, und ich finde es wichtig für mein Team – als Weiterbildung darin, gute Gedanken auszutauschen und mit Gleichgesinnten darüber nachzudenken, wie wir unsere Ernährung und die Herstellung unserer Nahrungsmittel besser, gesünder und nachhaltiger organisieren können. Natürlich fange ich dann auch an, meine eigenen Prozesse und Strukturen zu hinterfragen, und überlege, was ich im nachhaltigen Sinne weiter verbessern kann. Beispielsweise gibt es in der Gemeinschaft jetzt eine Initiative, die wieder Walnüsse in Brandenburg anbaut. Das wäre für mich eine coole Sache, wenn ich die Walnüsse für unser Nussbrot aus Deutschland beziehen könnte, statt aus Moldawien oder Nigeria. Wie streng bin ich in diesen Fragen mit mir selbst? Super konsequent gedacht, müsste ich jetzt sagen: Alle Rohstoffe für meine Brote müssen regional oder aus Deutschland kommen, weil ich die langen Transportwege aus Klimaschutzgründen nicht mehr verantworten kann. Auf der anderen Seite muss ich aber auch schauen, wo ich die besten Produkte für meine Brote herbekomme. Wenn das im Falle der Nüsse aus Brandenburg funktioniert, ist das für mich eine ganz tolle Möglichkeit, etwas zu verändern. Wahrscheinlich werden mich diese Nüsse etwas mehr kosten, obwohl der Transportweg tausende Kilometer kürzer ist. Aber das Ernten und Schälen der Nüsse ist hierzulande sicherlich kostenintensiver. Wahrscheinlich muss ich dann auch den Verkaufspreis für mein Nussbrot anpassen. Deswegen ist es wichtig, an dieser Stelle auch die Kundinnen und Kunden mitzunehmen, damit sie den Preis und den Wert deines Brotes nachvollziehen können. Gut möglich, dass wir dann auch weniger Nussbrot verkaufen, aber das ist mir der ganzheitliche Gedanke wert, den wir damit transportieren. Bei Oliven ist es durchaus schwieriger, und deshalb beziehen wir diese aus den Ländern, in denen sie am besten reifen können. Ein Kompromiss, mit dem ich leben kann, aber wer weiß, vielleicht werde ich irgendwann lieber darauf verzichten.

Ganz ähnlich wie in der Gemeinschaft würde ich mir auch für meine Branche eine andere Vernetzung zwischen Landwirten, Rohstoffproduzenten, Bäckern und allen am Entstehungsprozess Beteiligten wünschen, bei der die Qualität unserer Produkte im Mittelpunkt steht. Und wenn wir wieder über die Rettung und die Zukunft des Bäckerhandwerks reden, sehe ich in der Rückbesinnung auf das Handwerk und einer Trendumkehrung hin zu wieder mehr Klein- und Familienbetrieben, die eine besonders gute Qualität produzieren, den einzig sinnvollen Weg. Auch weg vom Vollsortimentsdenken, hin zu mehr Spezialisierung auf einzelne Produktsegmente. Mehr Bäcker mit eigener Identität und Handschrift. Das wäre ein qualitätsgetriebener Wettbewerb, dem ich mich gerne stellen würde, und er könnte beiden Seiten nur guttun, den Bäckern, die wach und kreativ bleiben müssen, und den Menschen, die in ihrer Stadt viele richtig gute Bäcker hätten, die ihnen ein ehrliches und sauberes Produkt anbieten. In meinen Augen wäre das eine echte Qualitätsoffensive, die unsere Produkte besser und unser Handwerk wieder attraktiver machen würde. Und wer weiß, vielleicht würde es auch wieder die guten alten Stammtische untereinander geben. Es wäre zumindest zu wünschen.

Eine junge Bäckerin hat mich mal gefragt: »Meinst du, ich brauche eine große Stadt, um mich selbstständig zu machen,

oder funktioniert das auch auf dem Land.« Ich habe zurück-
gefragt: »Was möchtest du? Willst du 100 Brote am Tag verkaufen, oder möchtest du 1000 Brote am Tag verkaufen?« Bei
100 Broten funktioniert das auch auf dem Land. Da wird es
ruhiger zugehen, und dein Kundenkreis wird kleiner sein als in
der Stadt, aber du hast eben auch einen kleineren Kostenapparat, der dich meiner Meinung nach prozentual am Ende aufs
gleiche Ergebnis kommen lässt. Der Trend, wieder etwas länd-
licher zu leben, verstärkt sich ja derzeit. Die Mieten in den
Städten sind sehr hoch, und der Alltag ist hektischer. Konzepte
müssen einfach richtig durchdacht sein und gut gelebt werden,
damit sie funktionieren. Mein Konzept funktioniert, aber die
Entwicklung, die es genommen hat, und das muss ich mir ehrlich eingestehen, ist trotzdem nicht die, die ich mir gewünscht
habe: Die von mir in meiner Eröffnungszeit geplante Tages-
menge an Brot ist heute an guten Tagen in knapp zwei Stunden
verkauft. Aus zwei Mitarbeitern sind heute 13 geworden und
aus der entspannten Idee von damals eine Art von Akkord.

Wenn ich also nun darüber nachdenke, wie ich das Bäckerhandwerk weiter retten kann, dann geht es auch darum, wie
ich mein Handwerk nicht nur für die anderen, sondern auch
für mich selbst retten kann. Wir haben unseren Laden zwar
nur an fünf Tagen geöffnet. Aber die Teige müssen ja trotzdem
schon einen Tag vorher geknetet werden. Zweimal im Jahr machen wir für drei Wochen Betriebsferien, wovon ich immer
eine Woche früher zurück sein muss, um die Sauerteige wieder
aufzufrischen und die Backstube vorzubereiten. Und egal an
welchem Tag, in der Backstube läuft der Ofen immer auf

Hochtouren und wir an der Auslastungsgrenze. Ich könnte ja auch einfach noch zwei Bäcker einstellen, um mich zu entlasten. Aber ich denke, dieses Buch ist die Erklärung, warum das ausgeschlossen ist.

Obwohl es immer noch dieser eine Laden ist und obwohl ich so viel anderes gemacht habe, bin ich in einer Sache doch in ein altes Muster gefallen: bei meinem Arbeitspensum. Hier stehe ich heute meinem Vater und auch einigen meiner alten Chefs, die ich oft so kritisch beobachtet habe, in nichts nach. Ich habe meinen Sekundenschlaf-Crash nicht vergessen, und etwas in mir sagt: »Pass bitte auf dich auf!« Denn im vergangenem Jahr fing mein Ohr immer mal wieder leise an zu piepsen, mein Rücken meldete sich, weil ich mal wieder an meine Grenzen gekommen war, und an den Höhepunkten meiner Belastung stand ich einfach nur noch da, wenn die Jungs und Mädels in der Backstube mit mir quatschten. Ich kann dann einfach nichts mehr aufnehmen, schaue sie einfach nur an und frage mich stumm: Wann bist du endlich fertig? Bei all den wunderbaren Dingen, die dir dieses Handwerk geben kann, zählt eben auch diese Seite zum Realismus eines Selbstständigen.

Was du als Selbstständiger auch brauchst, ist eine feste Säule in deinem Leben, auf die du dich immer verlassen kannst, weil sie dir Halt gibt. Du brauchst einen Ort, der dein Zuhause ist, und du brauchst einen Ausgleich, der dich wieder zur Ruhe kommen lässt, egal ob es nur ein paar Minuten sind oder ein ganzer Tag. Jemanden, der auf dich aufpasst und der bedingungslos zu dir hält. Denn ohne diese Unterstützung wird es auf Dauer schwer, erfolgreich zu sein und Zufriedenheit zu finden. Zusammengefasst kann ich das alles mit einem Wort benennen: Sonja! Sie ist der Rückhalt, der mir über all die Jahre in jeder Minute zur Seite steht. Die mich kompromisslos unterstützt und sich über alles freut, was ich mit meiner Bäckerei erreiche. Sonja ist die starke Partnerin, die hinter dem erfolgreichen Unternehmer und Bäcker steht. Und die sollte man nicht vernachlässigen, obwohl ich weiß, wie oft ich das in der Hektik des Alltags tue. Doch selbst dann lässt Sonja in meinem Fall Nachsicht walten, weil mich niemand besser kennt und versteht als sie. Sie öffnet mir oft die Augen, wenn ich vor lauter Bäumen mal wieder den Wald nicht sehe, und sie zeigt mir mit ihrem guten Gespür den Weg, um meine Entscheidungen zu treffen. Sie ist die Liebe meines Lebens, und meine Bäckerei ist heute auch nur so erfolgreich, weil Sonja genauso ein Teil von ihr geworden ist wie von meinem Leben. Danke für immer!

Sonja ist auch meine wichtigste Beraterin, wenn es darum geht, die Struktur meiner Bäckerei immer wieder kritisch zu hinterfragen, damit mein Leben und meine Arbeit in einer guten Balance bleiben. Denn so ein Arbeitsleben ist wie ein Marathon, in dem du dir deine Kraft bis zum Schluss gut einteilen musst, um ins Ziel zu kommen. Wenn ich all diese Aspekte abwäge, dann ist eigentlich klar, dass ich dieses Pensum nicht weiter fahren kann. Allein schon wegen der Vorbildfunktion, die ich dem Nachwuchs gegenüber habe. Mein Brot ist extrem mit meiner Person verbunden, und ein Bäckerleben ist eben beides: Bäckersein und Leben. Beides steht und fällt miteinander, und beides möchte ich schützen, um mein eigenes Handwerk, so wie ich es lebe, zu retten und um meine Idee vom Backen noch möglichst viele, viele Jahre, an die jungen Bäckerinnen und Bäcker weiterzugeben, die bei mir arbeiten und lernen wollen.

Eines ist aber auch klar: Die heutige Generation wird dieses Pensum, welches man meiner Meinung nach in der Anfangsphase einer Gründung braucht, nicht mehr durchhalten wollen. Die Bereitschaft zur Arbeit ist sicher da, aber nicht mehr in einer Intensität, die aus deinem Leben nur noch Arbeit macht. Herbert Grönemeyer sang schon in den 1980er-Jahren »Kinder an die Macht«, und an diesen Song muss ich denken, wenn ich heute die jungen Menschen beobachte, die gerade versuchen, das Klima und viele andere Dinge zu retten. Auch wenn das für viele überzogen und realitätsfremd wirkt, machen sie genau das Richtige. Sie sind jung und agieren an der ein oder anderen Stelle vielleicht zu scharf und radikal. Aber genau das haben so einige Bäcker früher auch über mich gesagt, wenn ich mal wieder ihr Handeln kritisiert und angeprangert habe, weil ich mein Handwerk schützen und vor dem Untergang retten wollte. Als ich jung war, habe ich mich eher an den alten Hasen unserer Branche orientiert, um erfolgreich zu werden. Heute orientiere ich mich oft mehr an den Jungen und ihren Ansichten, um selbst jung zu bleiben.

Aus diesem Grund werde ich ab Januar 2024 meinen Laden neu aufstellen. Ganz sicher hat auch die Arbeit an diesem Buch einiges in mir bewegt. Die Geschichte unserer Familie vor Augen, sehe ich gerade ziemlich klar, wo ich herkomme und wohin ich bis heute gegangen bin, auf meiner *Road to Bakery* und auf meinem Weg, einer der besten Bäcker zu werden. Auch spüre ich in mir nach wie vor die Lust und den Ehrgeiz, mich immer weiter zu verbessern. Ich möchte immer genannt werden, wenn es um die drei Bäcker geht, die richtig gutes Brot backen. Aber ich spüre auch, dass ich auf dem Weg bin, das alles zu verlieren, wenn ich so rastlos weitermache wie bisher. Im Grunde brauche ich einfach mehr Zeit und Ruhe, um an all diesen kleinen Details zu arbeiten, die ich an meinen Broten noch verbessern kann. Wenn ich das wirklich will, dann muss ich jetzt sagen: »Tschüss Umsätze und scheiß auf die Menge an Brot, die wir raushauen könnten – es interessiert mich nicht, ich mache weniger.«

Schrumpfen, um besser zu werden – wenn ich an unseren Planeten denke, ist das eigentlich ein zeitgemäßes Konzept, denn wir verbrauchen mit unserer Lebensweise noch immer pro Jahr die Rohstoffe von rund drei Erden. Kleiner werden macht Sinn, und auf die Struktur meiner Bäckerei bezogen, bin ich noch am Tüfteln, an welchen Stellschrauben ich drehen muss. Ich kann zwar niemandem versprechen, dass ich dann ein noch viel besseres Brot backe, nur weil ich weniger davon herstelle. Aber es wird sich verändern, ob nur die Mengen, die Öffnungstage oder vielleicht auch die Sorten – alles noch nicht spruchreif. Doch egal, wofür ich mich entscheide, ich hoffe, dass mich meine Kunden verstehen und nachvollziehen können, warum ich diesen Schritt gehe. Und keine Angst: Alles bleibt, nur eben anders justiert – mein Brot, meine Familie, meine Freunde und alles, was sonst noch zu meinem Leben gehört. Als mein Vater unsere Bäckerei von seinem Vater übernommen hat, hat er gesagt: »Wir müssen Bäckerei neu denken.« Das tue ich heute auch. Nur denke ich in eine völlig andere Richtung. Und das muss ich auch, wenn ich der Bäcker bleiben will, der ich bin.

Ein Bäcker, der ein verdammt gutes Brot backt. Sonst nichts.

Danke

Es gibt so einige Menschen, denen ich an dieser Stelle danken möchte. Für die Möglichkeit, über das was mich bewegt und antreibt, ein Buch schreiben zu können, danke ich an erster Stelle dem Westend Verlag und seinem Team. Auch und gerade die intensive Zusammenarbeit mit Johannes Bröckers war einfach toll. Einen ganz wichtigen Anteil an der Entstehung dieses Buches hat auch Sonja, die über viele Wochen meine erste Leserin und aufmerksame Zuhörerin war und mir dabei geholfen hat, meine Gedanken und Erinnerungen zu sortieren. Tausend Dank dir, für deine nie nachlassende Motivation und große Geduld!

Die Arbeit an diesem Buch war für mich eine intensive Reise durch mein bisheriges Leben. Und wenn ich darüber nachdenke, wer mich auf dieser Reise begleitet und entscheidend geprägt hat, dann fallen mir an erster Stelle meine Großeltern Amalie und Lothar Berlin ein. Ich habe in meiner Kindheit so viele Sommerferien bei euch verbracht und ihr habt immer an mich und meine Idee geglaubt.

Meine Mutter nimmt in diesem Buch zwar keine allzu große Rolle ein, umso größer aber ist ihre Bedeutung für mich und unsere Familie. Wie oft hast du zwischen den Stühlen gestanden und im Hintergrund die Fäden und damit unsere Familie zusammengehalten. Du hast dich für mich und meine Entscheidungen stark gemacht und immer deine schützende Hand über mich und uns alle gehalten. Dafür danke ich dir von ganzem Herzen.

Einbeziehen in meinen Dank möchte ich unbedingt auch Norina, Alex und Christin, Freundinnen und Frauen, die mich in unterschiedlichen Phasen auf meinem Weg begleitet, mit ihrer liebevollen Zuneigung unterstützt und zu dem Max haben reifen lassen, der ich heute bin. Danke euch allen, ich habe viel von euch gelernt.

Max Berlin, meinem Cousin, möchte ich danken, der von der ersten Minute Feuer und Flamme für mein Vorhaben war und mich bis zum heutigen Tag unterstützt. Das gilt auch für Arthur, Florian, Jacky, Katharina und Andreas, unverzichtbare Freundinnen und Freunde, die in der Gründungszeit meiner Bäckerei und bis heute immer mit Rat und Tat zur Stelle sind!

Last but not least möchte ich all den Menschen danken, die in dieser ganzen Zeit ein Teil meines Team waren. Jede und jeder, der hier mit mir gearbeitet hat, hat einen großen Anteil daran, dass die Menschen unser Brot bis heute so gerne essen. Am Ende gehört dieses Buch also euch und uns allen, denn es ist ein gemeinsames Werk über 32 Jahre meines Lebens.

Danke!

Max Kugel ist Bäckermeister mit einer strikten Philosophie: In seiner Bäckerei gibt es zehn Sorten Brot und sonst nichts. Kugel absolvierte zunächst eine Lehre in der Bäckerei seines Vaters in Lahnstein und legte seine Prüfung zum Bäckermeister auf der Meisterschule in Olpe ab. Dann begab er sich auf Reisen durch Europa, USA und Kanada, wo er viele Menschen und Bäckereien kennenlernte. Seit 2017 backt er sein eigenes Brot in Bonn.